Nico Fauser

WAS WIR DENKEN
WENN WIR UNS
EIN EI KOCHEN

mosaik

Nico Fauser

WAS WIR DENKEN, WENN WIR UNS EIN EI KOCHEN

UNSER LEBEN IN 250 GRAFIKEN

mosaik

DIESES BUCH IST AUCH ALS E-BOOK ERHÄLTLICH.

MIX
Papier aus verantwortungsvollen Quellen
FSC® C084279
FSC www.fsc.org

VERLAGSGRUPPE RANDOM HOUSE FSC® N001967

1. AUFLAGE
ORIGINALAUSGABE APRIL 2017

UMSCHLAG: *ZEICHENPOOL
UMSCHLAGMOTIV: NICO FAUSER
MZ • HERSTELLUNG: KW
SATZ: UHL + MASSOPUST, AALEN
DRUCK UND BINDUNG: PRINT CONSULT, MÜNCHEN
PRINTED IN CZECH REPUBLIC
ISBN 978-3-442-39316-9

W W W.MOSAIK-VERLAG.DE

KAPITEL 1

ARBEIT & BERUF

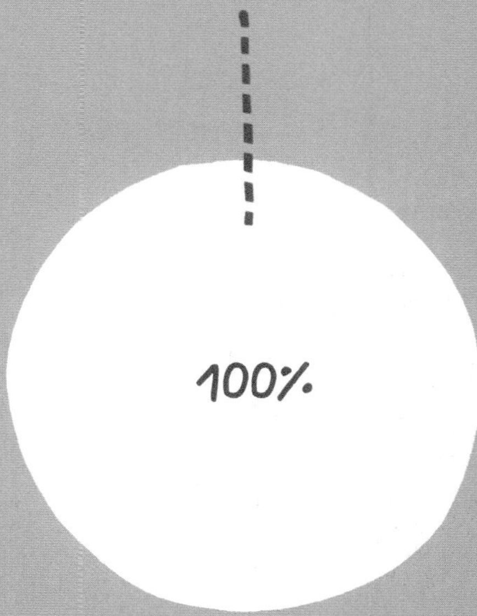

WELCHE FRAGE WISSENSCHAFTLER AM MEISTEN BESCHÄFTIGT

KLASSISCHE TEAMARBEIT

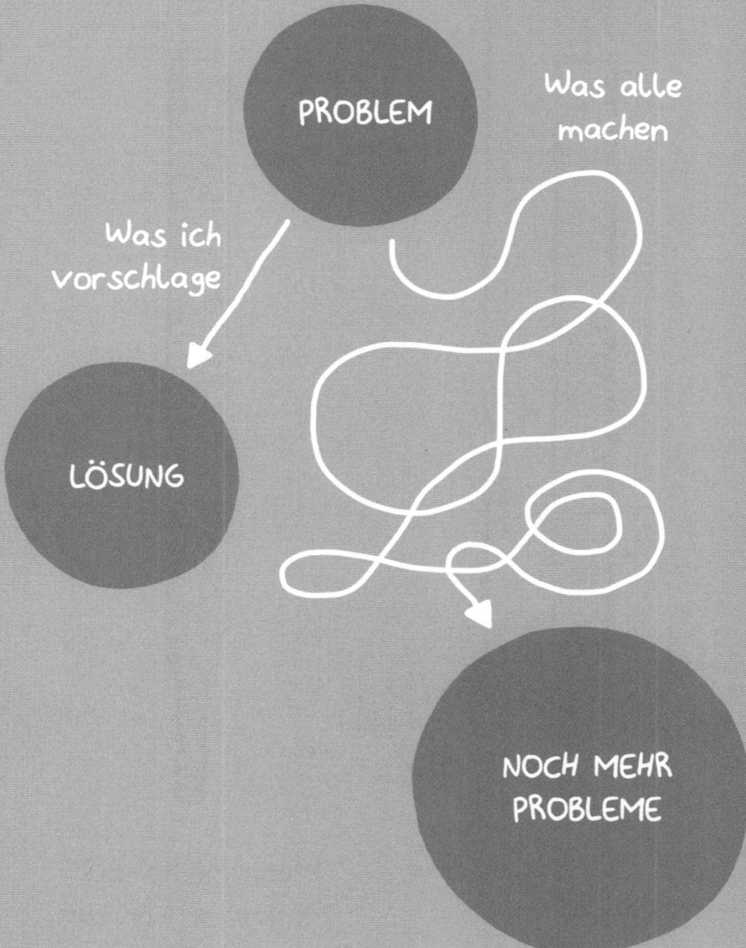

WANN CHEFS FIEBER BEKOMMEN

Wenn sie krank sind

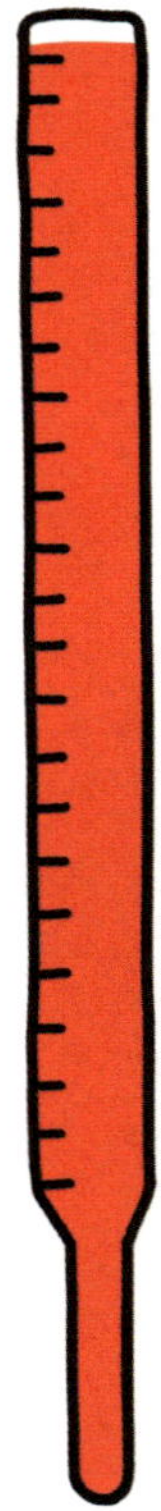

Wenn Mitarbeiter Magazine von der Gewerkschaft lesen

WER IM BÜRO IMMER ARBEITET UND NIE MECKERT

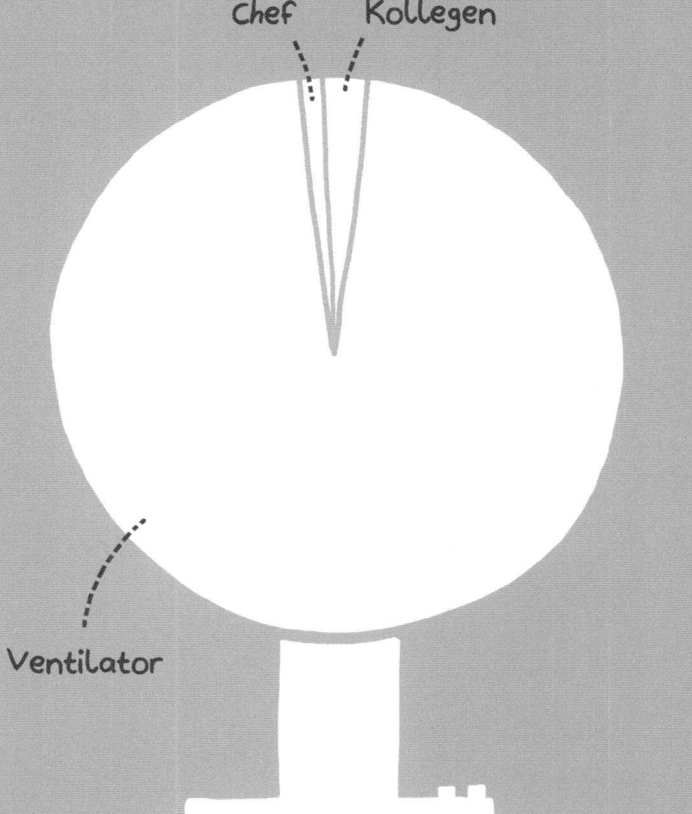

WOZU MAN TASCHENRECHNER IN DER SCHULE BENUTZT

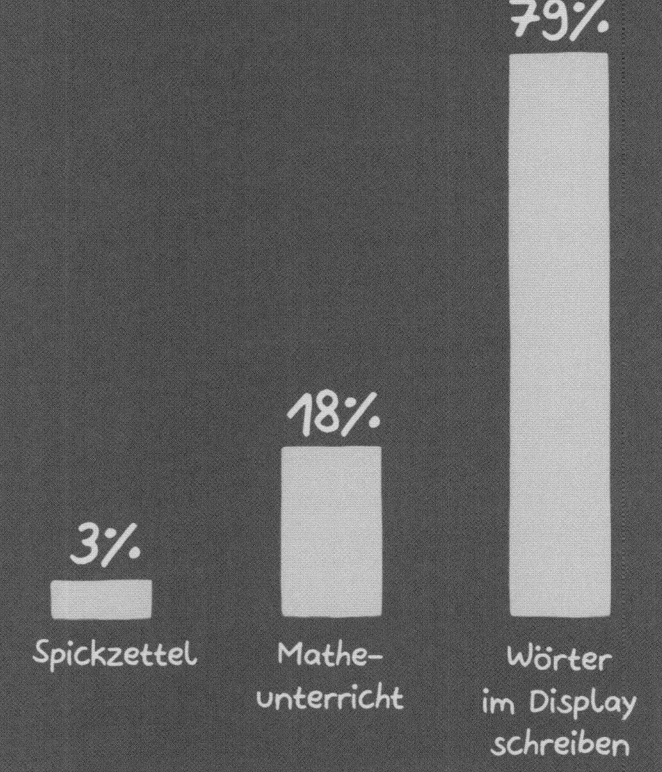

LIEBLINGSSTUDIENGÄNGE VON FRAUEN

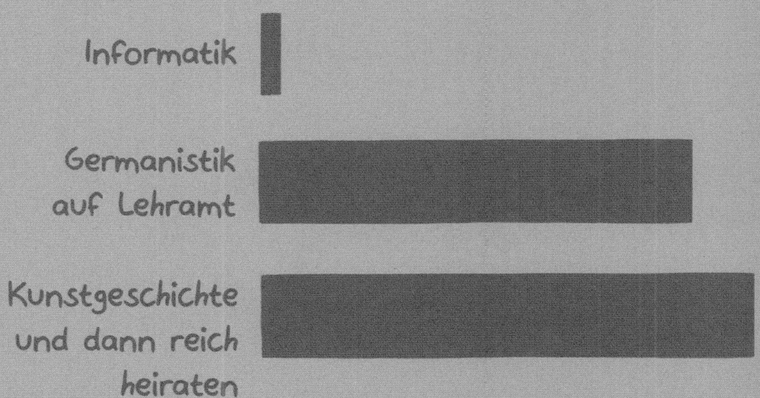

WANN EINEM DIE SCHLAGFERTIGSTEN ANTWORTEN EINFALLEN

WORAN MAN MEINEN ARBEITSPLATZ ERKENNT

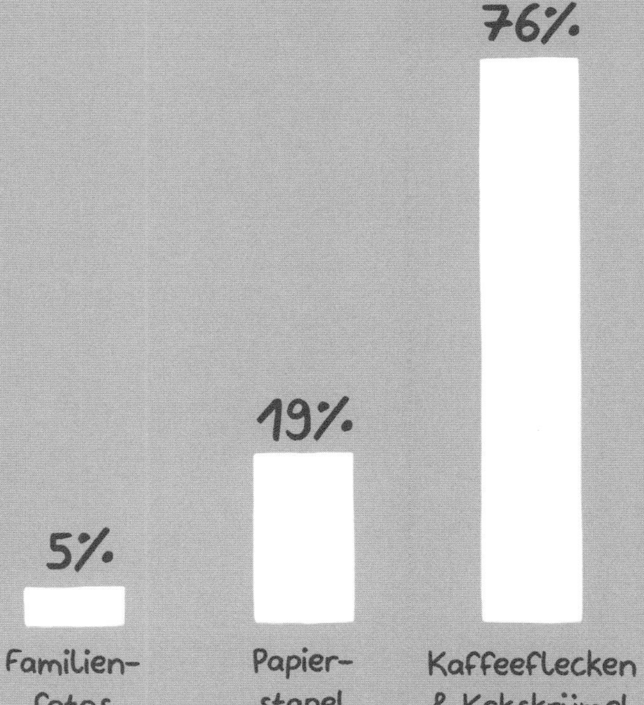

DIE VIER SELTENSTEN BERUFE

1. Callcenter-Mitarbeiter, die für mein Problem zuständig sind
2. Kassiererinnen, die nicht nach Treuepunkten fragen
3. Chefs, die doppeltes Gehalt zahlen
4. It-Girls, die klüger sind als 'ne Kartoffel

DIE BELIEBTESTE BUSINESS-SPRACHE DER WELT

4%
Englisch

96%
Schlechtes Englisch

AN WAS ICH MICH AUS MEINER SCHULZEIT ERINNERN KANN

SINN UND ZWECK VON RUNDMAILS AUF DER ARBEIT

Nützliche Infos

„Haha, guckt Euch mal das Video an, wie der Manni sich bei der letzten Weihnachtsfeier stockbetrunken auf seinen Schreibtisch übergibt!"

WAS DER CHEF MEINT, WENN ER SAGT: „WIR MÜSSEN REDEN!“

Lust auf'n Kaffee? Ich kenn ein paar neue Witze!“

„SIE SIND GEFEUERT!!!“

WARUM MANCHE PROFESSOREN SCHON UM 7 UHR MIT DER VORLESUNG BEGINNEN

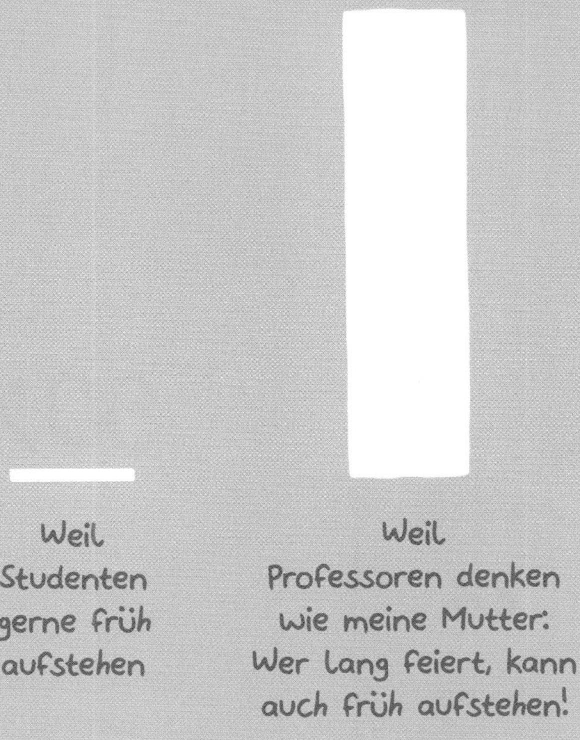

WAS WIR MACHEN, WENN WIR DEN PAPIERKORB NICHT TREFFEN

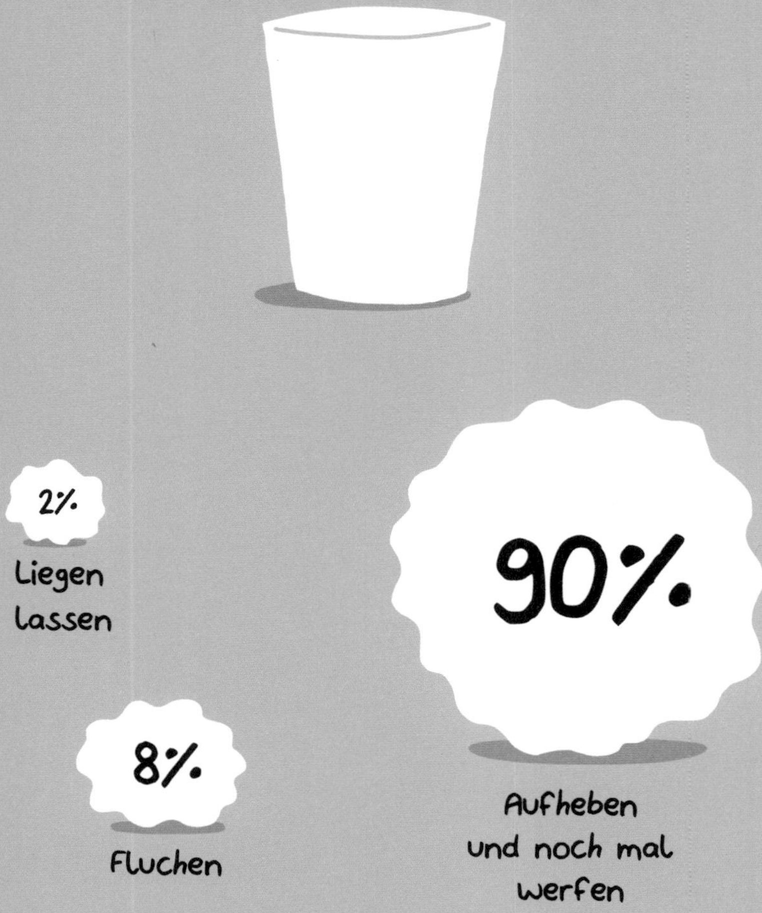

WORAUF ICH MICH NACH MEINEM URLAUB AM MEISTEN FREUE

DIE BELIEBTESTE ANTWORT VON KOLLEGEN AUF DIE FRAGE, WARUM SIE NICHT ARBEITEN

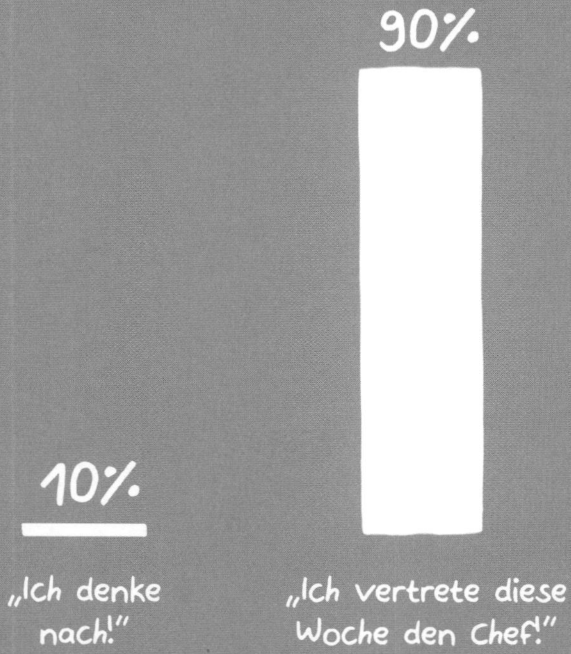

EINSCHLAFVERHALTEN

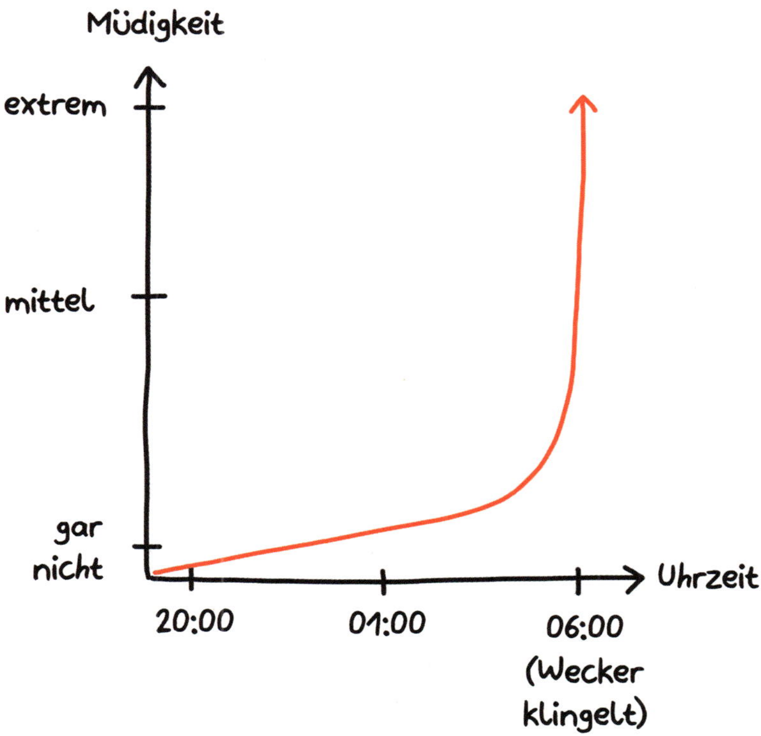

AN WAS ICH WÄHREND MEINER ARBEIT DENKE

WAS MIR ZUM MILLIONÄR SEIN NOCH FEHLT

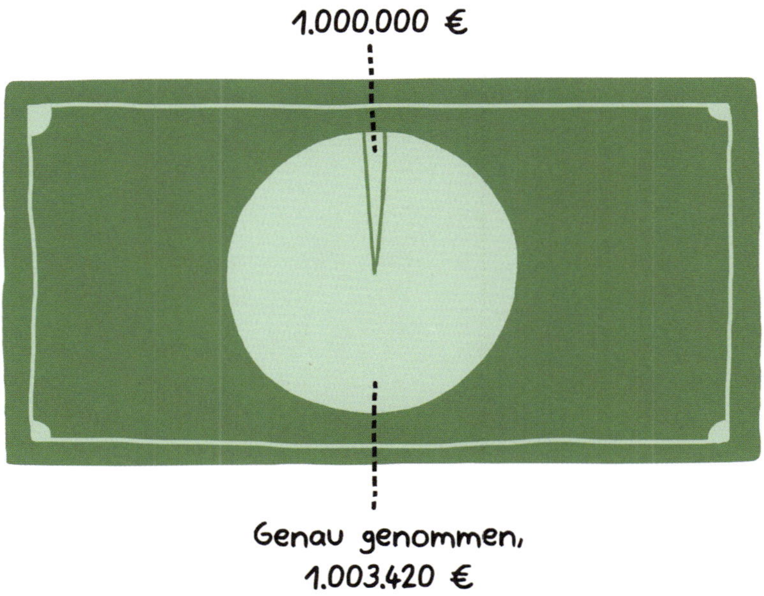

WAS MAN NACH DEM WÖCHENTLICHEN MEETING WEISS

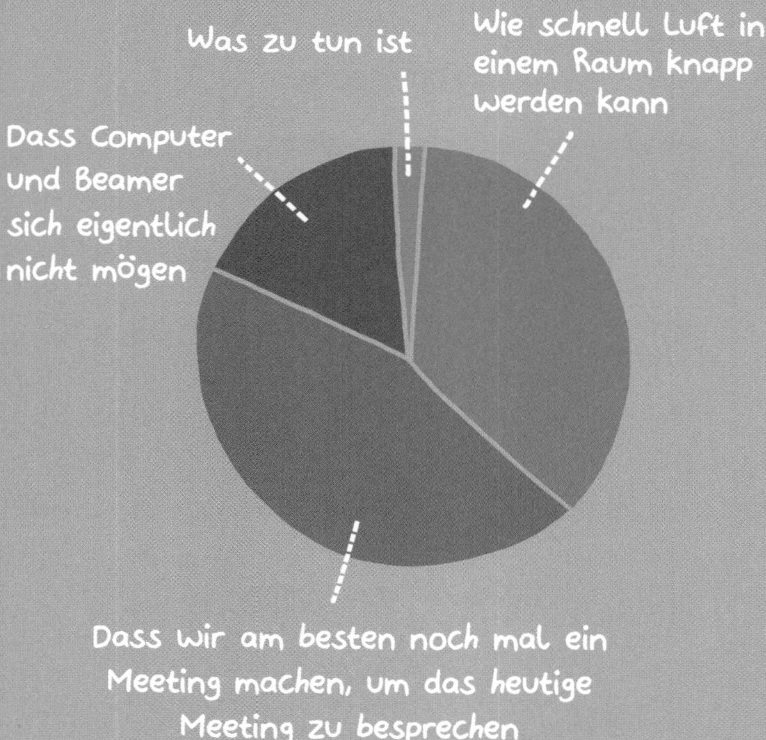

WOGEGEN LEHRER ALLERGISCH SIND

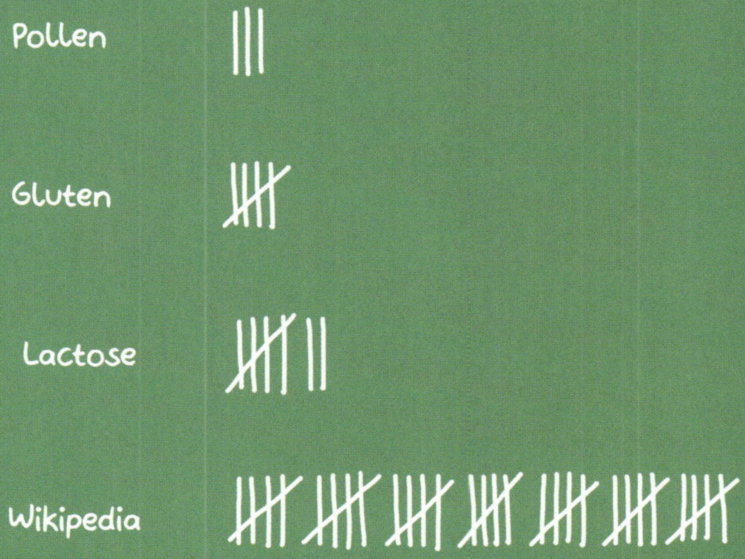

FÜR WAS LASERPOINTER BENUTZT WERDEN

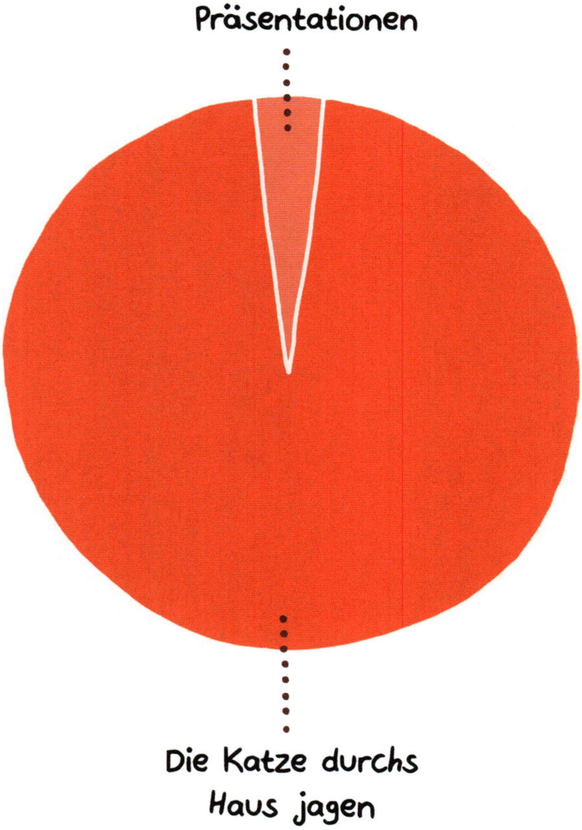

WIE SICH PERMANENTES MULTITASKING AUF UNSEREN ARBEITSALLTAG AUSWIRKT

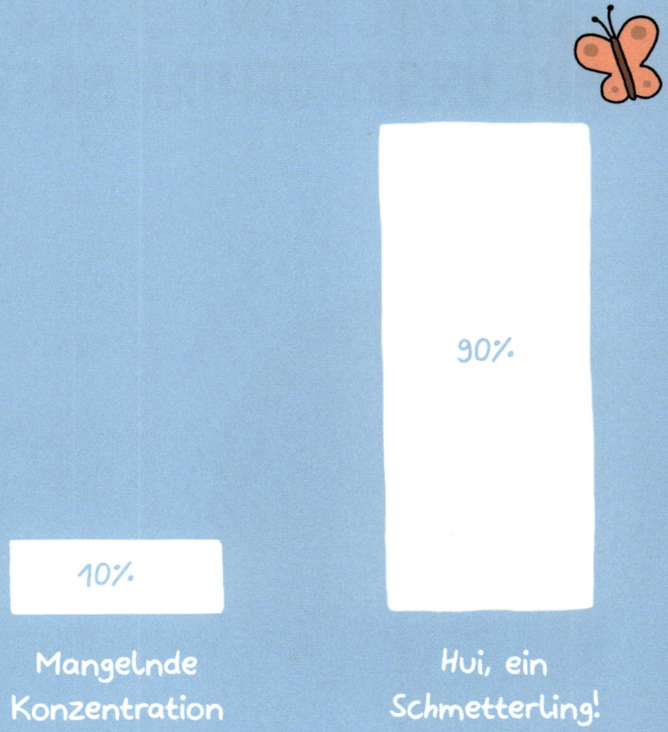

WIE WIRKT SICH DIE STETIGE NUTZUNG VON GOOGLE AUF UNSER GEHIRN AUS?

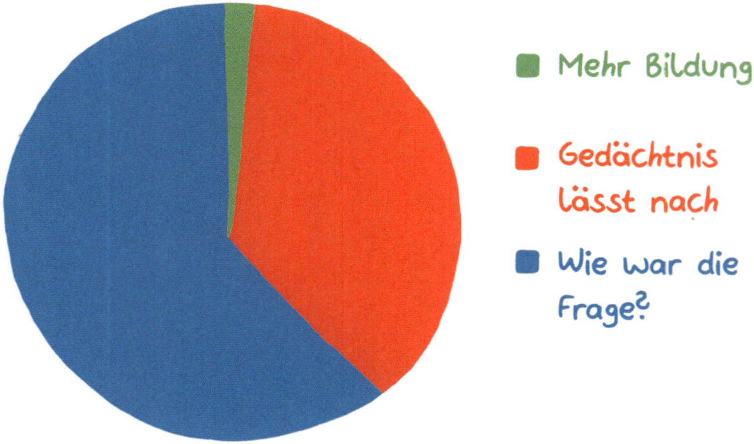

GEDANKEN WÄHREND EINER KLASSENARBEIT

FÜR WEN WIR ARBEITEN GEHEN

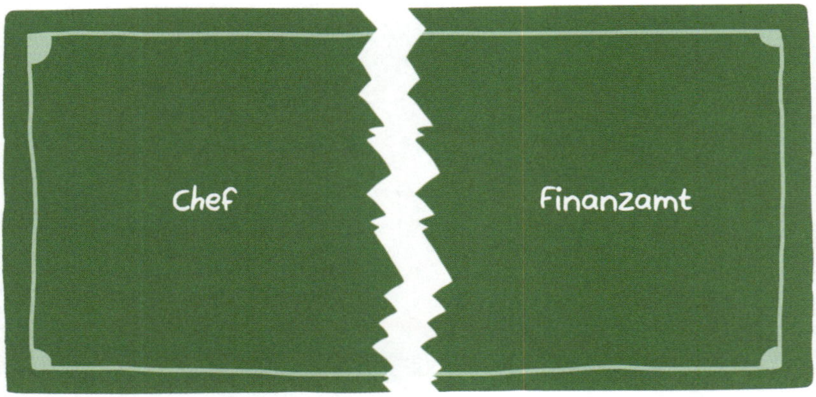

WAS WIR DENKEN, WENN FEUERALARM IST

3%

Schnell, alle raus hier!

97%

Ist bestimmt Fehlalarm – erst mal abwarten.

WAS WIR MACHEN, WENN WIR KONZENTRIERT ARBEITEN MÜSSEN

5% Ruhig am Tisch sitzen und die Aufgabe lösen

15% Im Internet surfen

80% ESSEN

WAS ICH AM ERSTEN ARBEITSTAG NACH MEINEM URLAUB MACHE

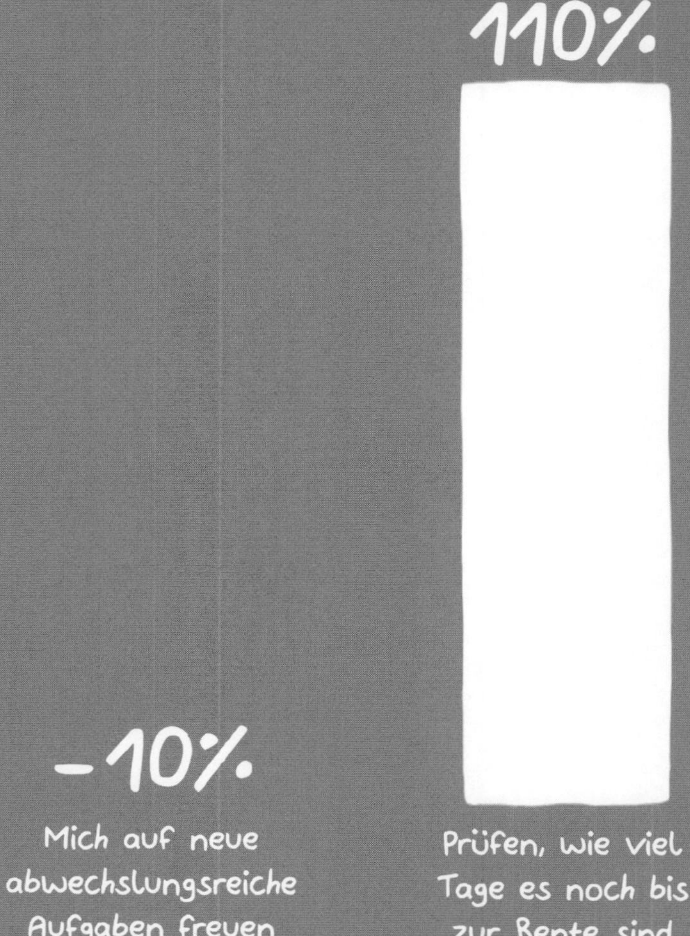

WOZU MEIN E-MAIL-POSTFACH DIENT

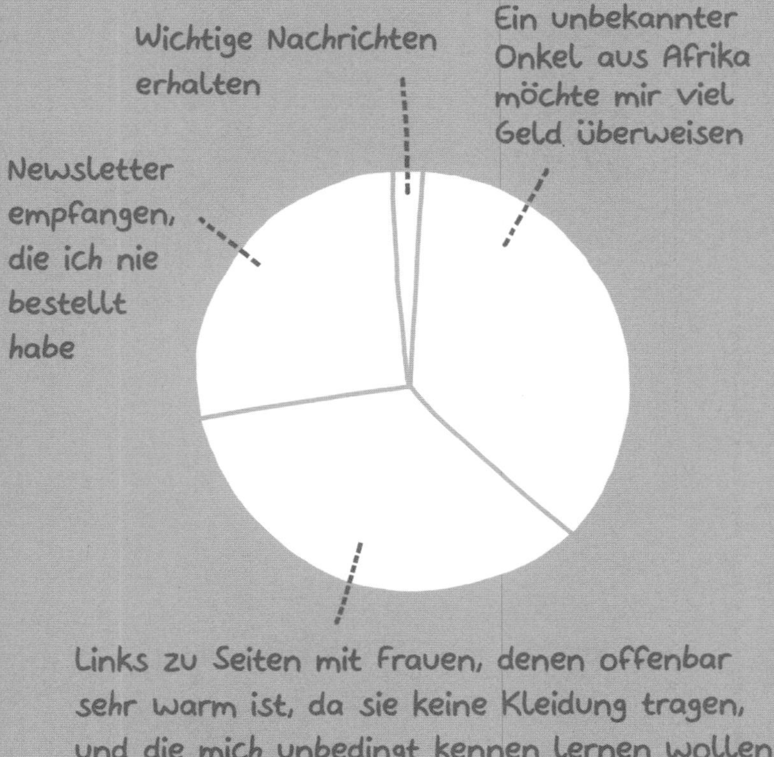

WARUM DER DRUCKER NICHT FUNKTIONIERT

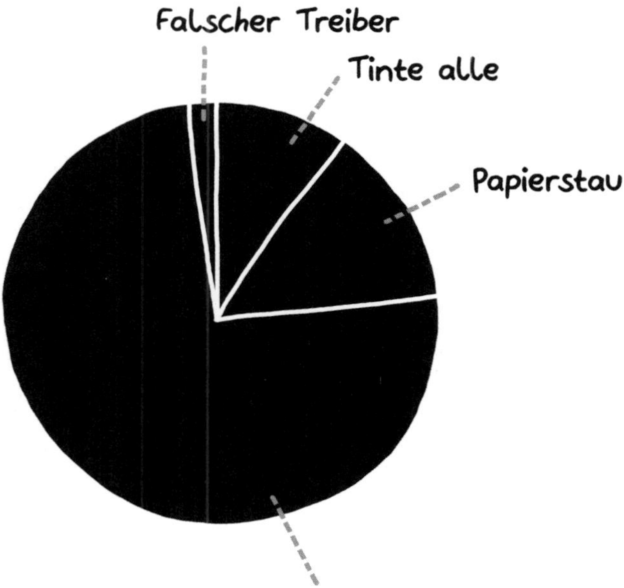

ES GIBT KEINEN LOGISCHEN GRUND!!!

WORAUF ICH MICH BEI DER ARBEIT AM MEISTEN FREUE

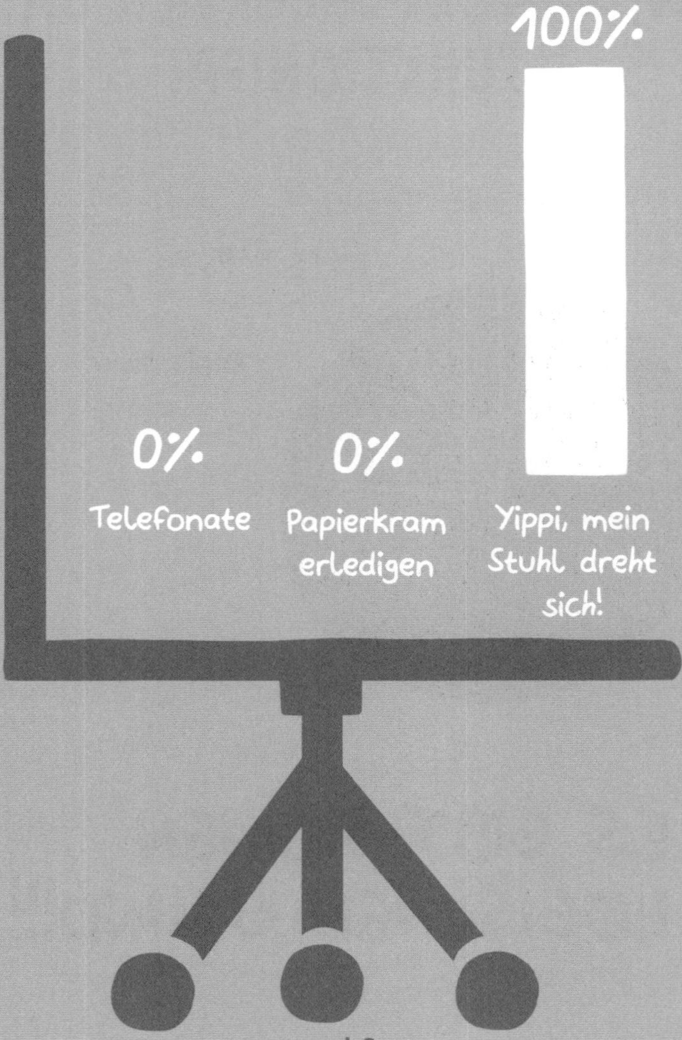

WANN DER CHEF ETWAS VON MIR WILL

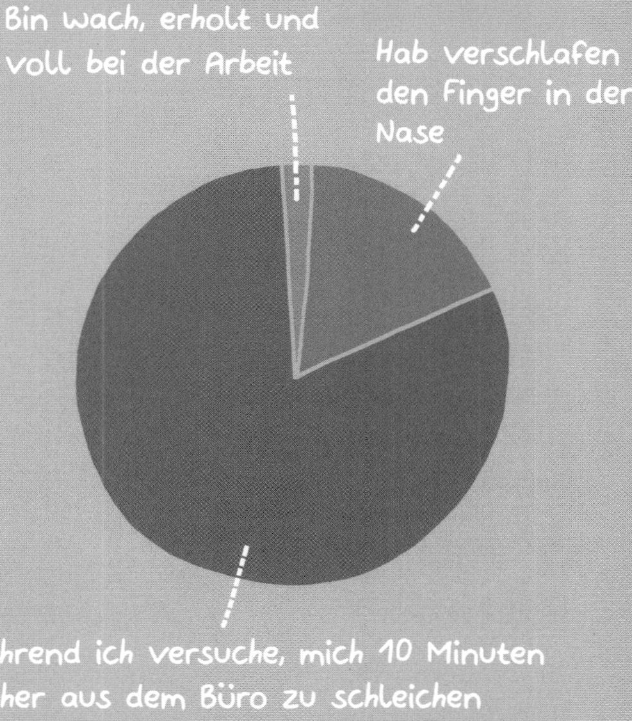

WOZU WIR EINEN COMPUTER HABEN

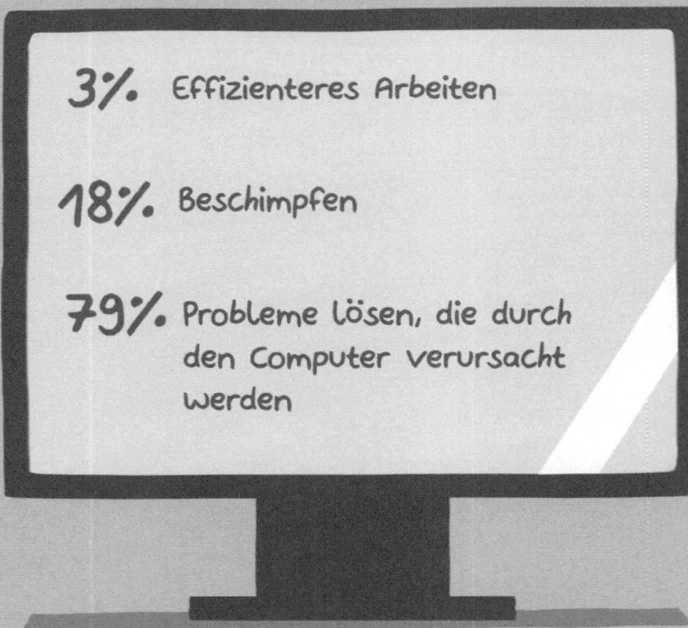

WAS MAN AUF DEM WEG ZUR ARBEIT AUF BESCHLAGENEN BUSSCHEIBEN SIEHT

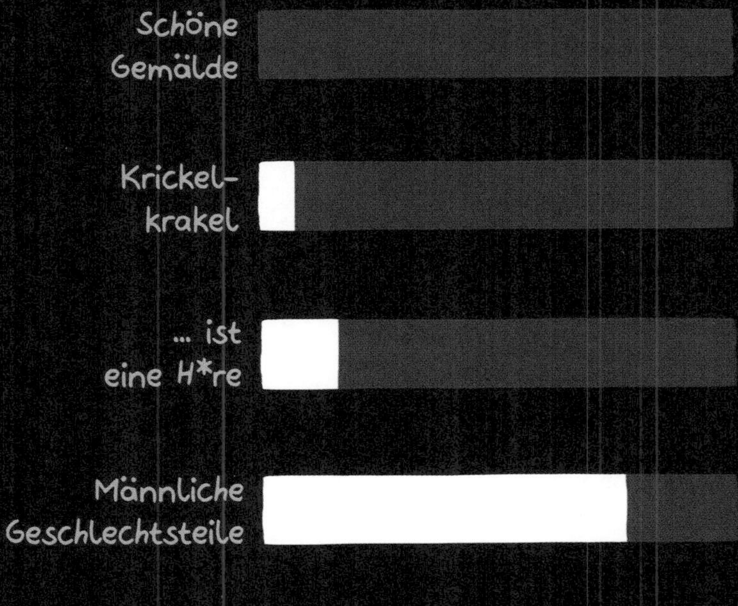

FUNKTIONEN EINER ARMBANDUHR

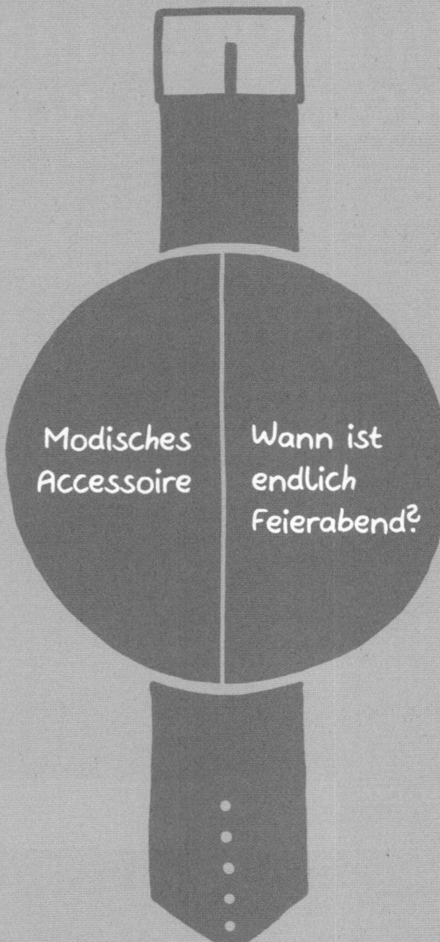

SEIT WANN ICH MICH FÜR STATISTIK INTERESSIERE

WANN MIR AUFFÄLLT, DASS DER E-MAIL-ANHANG FEHLT

WAS WIR MACHEN, WÄHREND WIR IN DER WARTESCHLEIFE EINER SERVICE-HOTLINE HÄNGEN

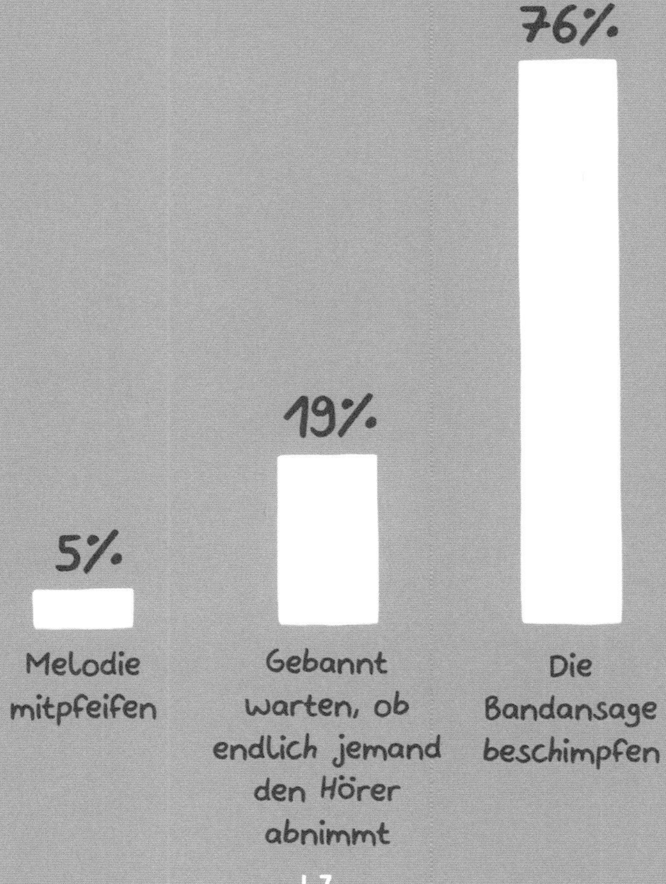

KAPITEL 2

ESSEN & TRINKEN

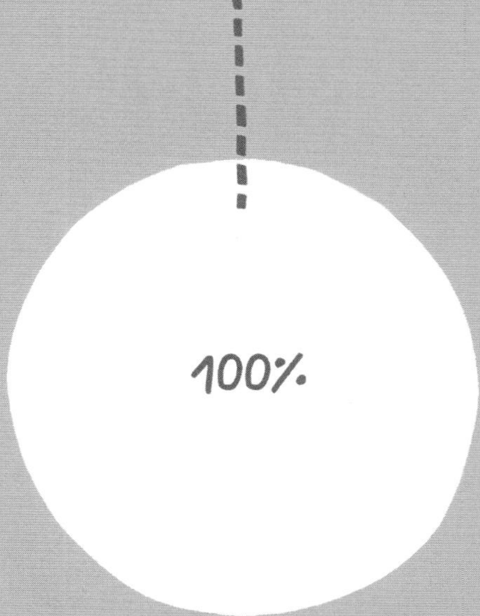

WOZU WIR BANANEN KAUFEN

Eine zum Essen

Noch eine zum Essen

Eine zum irgendwann Wegwerfen

WENN ICH KAFFEE TRINKE

Schnell, alle weg, ich muss groß!

AM MORGEN DES ERSTEN SCHULTAGS NACH DEN SOMMERFERIEN

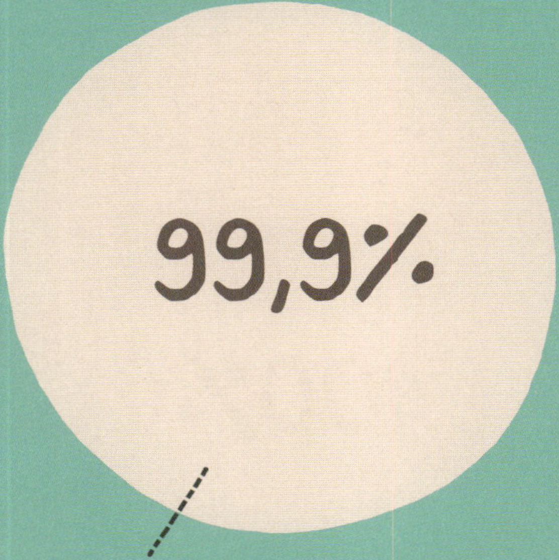

Das Kind bemerkt, dass es seine Brotbox samt Inhalt vor den Ferien im Schulranzen vergessen hat. Die Mutter öffnet vorsichtig die Box, schaut angewidert auf das entstandene Biotop, evakuiert die Küche und kümmert sich um die schnelle Entsorgung des kompletten Gefahrenguts.

WAS MEIN BUCHLADEN VERKAUFT

WAS ICH NACH EINER MISSGLÜCKTEN DIÄT DENKE

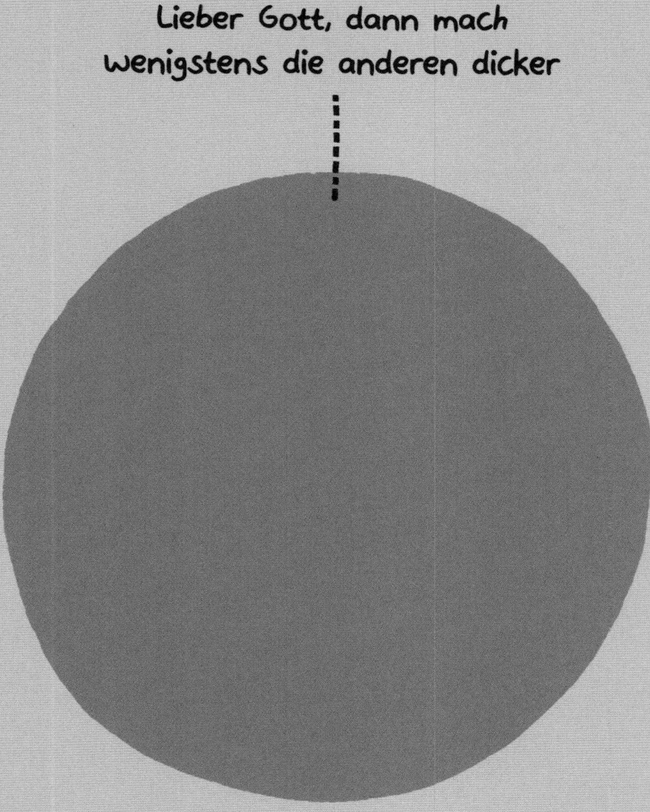

WAS ICH MACHE, WENN ICH VOR DER OBSTSCHALE STEHE

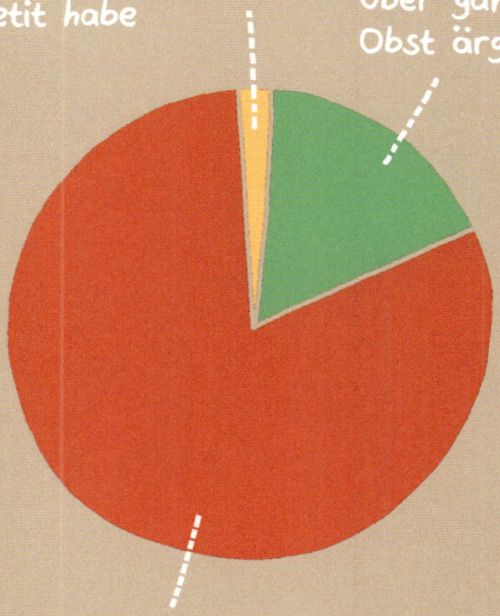

WAS WIR DENKEN, WENN WIR UNS EIN EI KOCHEN

WO MENSCHEN IHREN EINKAUFSWAGEN AM LIEBSTEN ABSTELLEN

In die Reihe mit den wenigsten Einkaufswagen

In die Reihe mit den meisten Einkaufswagen, um eine Art künstliche Schranke quer über den Parkplatz zu errichten

NACH WELCHEN KRITERIEN WIR EINKAUFEN

FRAUEN	MÄNNER
• Ist es gesund? • Ist es lecker? • Ist es frisch? • Ist es regional? • Ist es bio?	• Passt es in die Mikrowelle?

AN WAS ICH BEI „ESSEN AUF RÄDERN" DENKEN MUSS

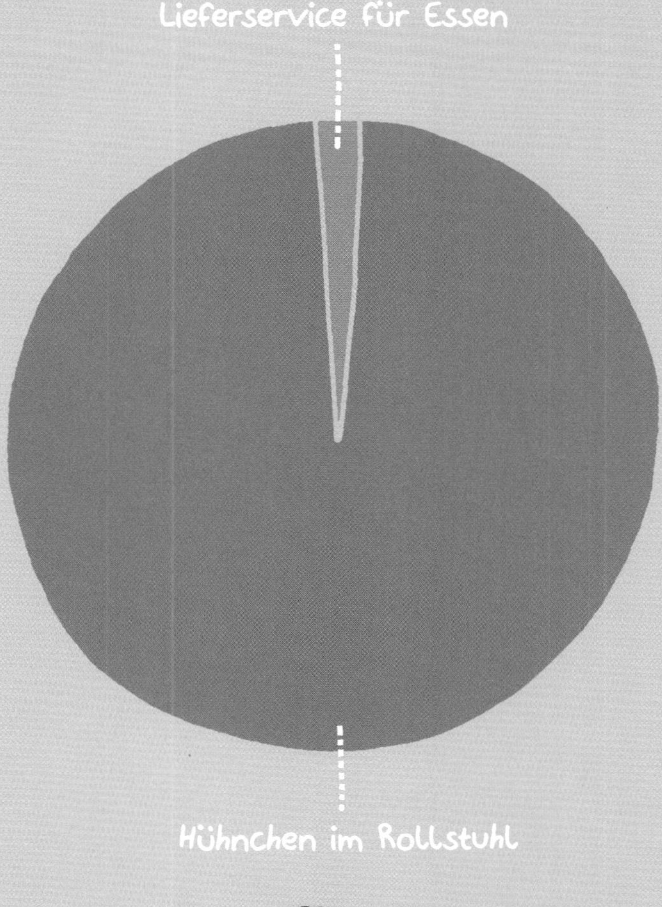

FAST FOOD

\+ 15 Minuten Autofahrt zum Drive-In
\+ 10 Minuten bestellen & aufs Essen warten
\+ 15 Minuten Rückfahrt

= Selber kochen ist eigentlich schneller

WOZU DER FERNSEHER ERFUNDEN WURDE

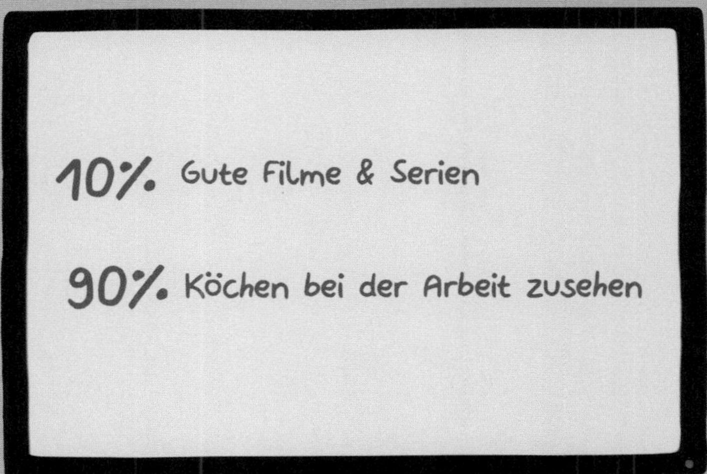

WIE LANGE WIR OHNE … AUSKOMMEN KÖNNEN

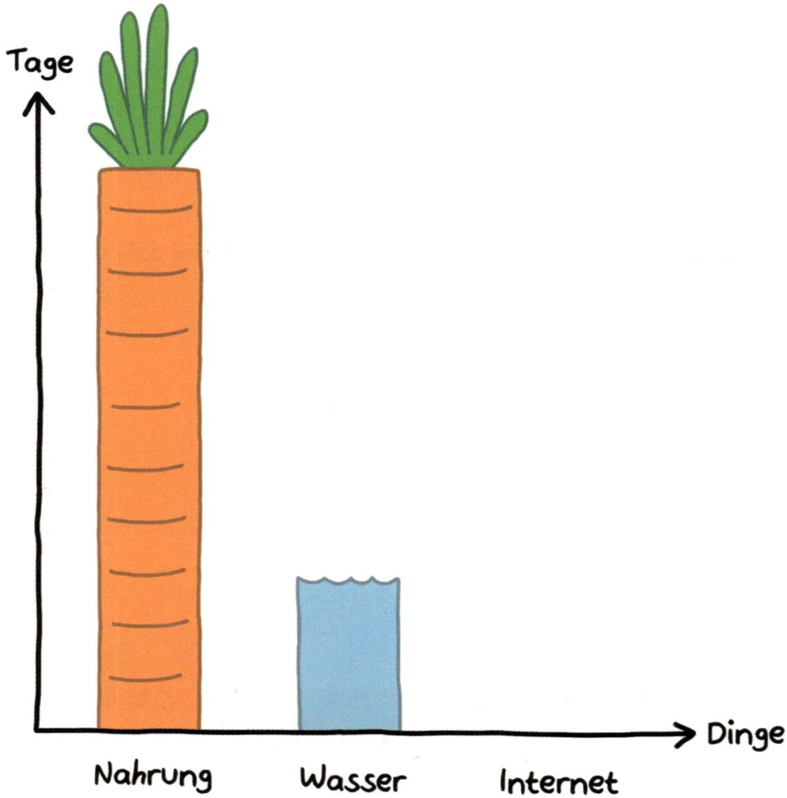

OMELETT

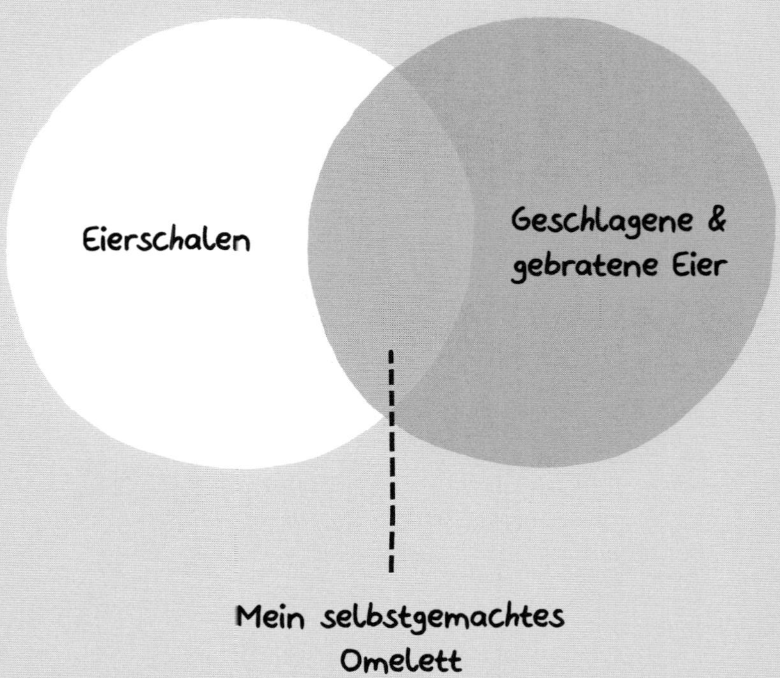
Eierschalen
Geschlagene & gebratene Eier
Mein selbstgemachtes Omelett

WAS MICH BEIM FISCH ESSEN AM MEISTEN NERVT

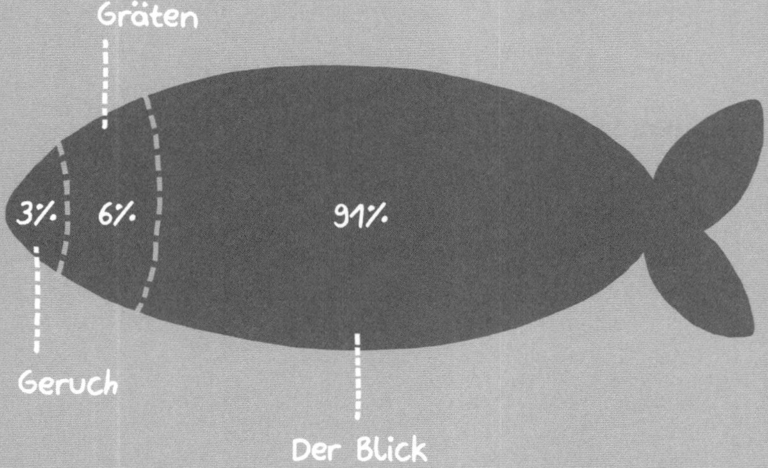

AN WAS ICH BEI FRANZÖSISCHER KÜCHE DENKE

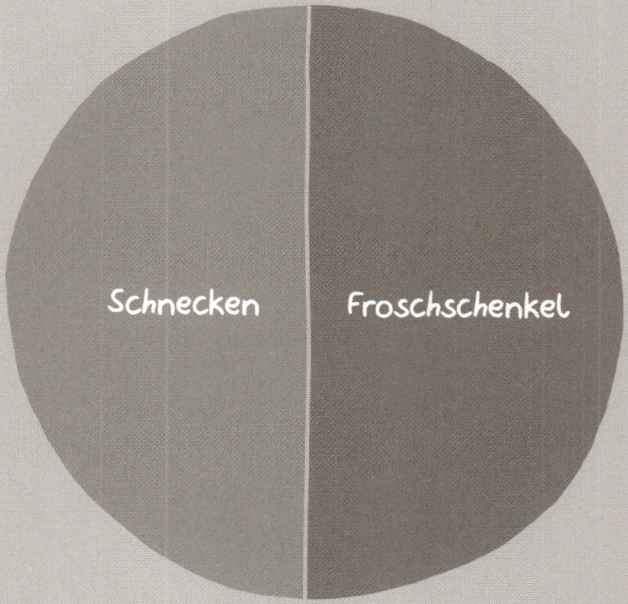

MEINE LIEBLINGSGRAFIK

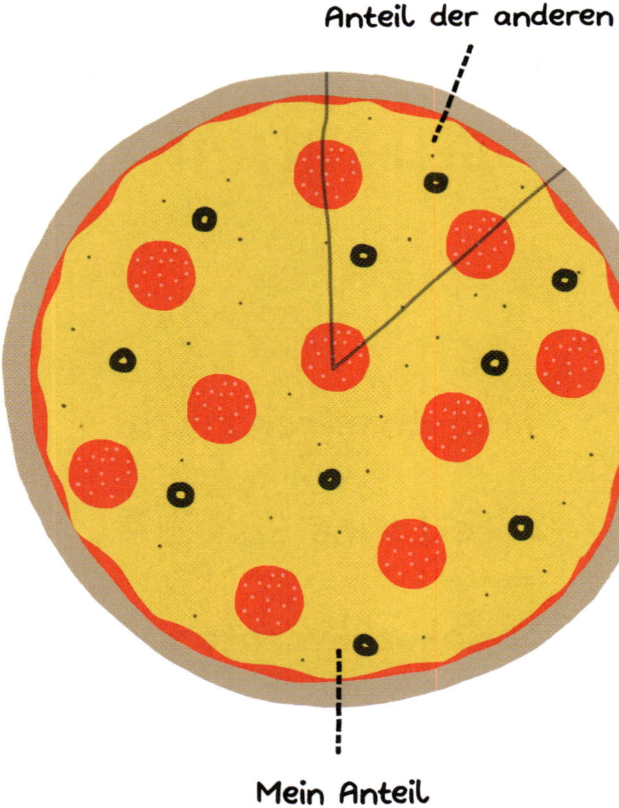

WAS MAN ESSEN DARF, NACHDEM MAN ALLE AKTUELLEN ERNÄHRUNGSRATGEBER GELESEN HAT

1. Laktosefreies Gras

2. Fettarme Eiswürfel

3. Kohlenhydratarme Landluft

DIE AKTUELL GEFÄHRLICHSTEN LEBENSMITTEL, WENN MAN ERNÄHRUNGSEXPERTEN GLAUBEN DARF

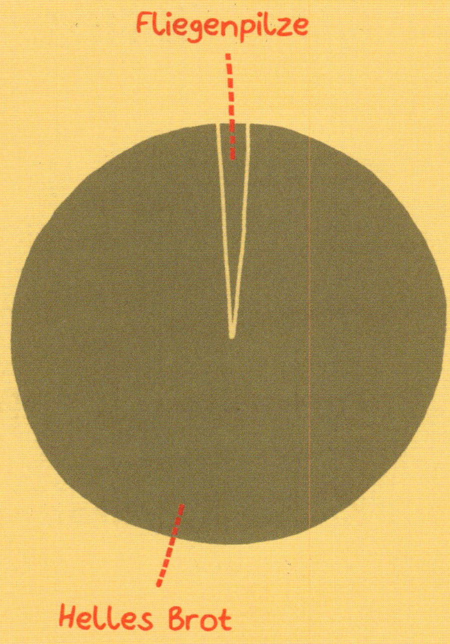

WENN ICH MAL SELBST KOCHEN MÖCHTE

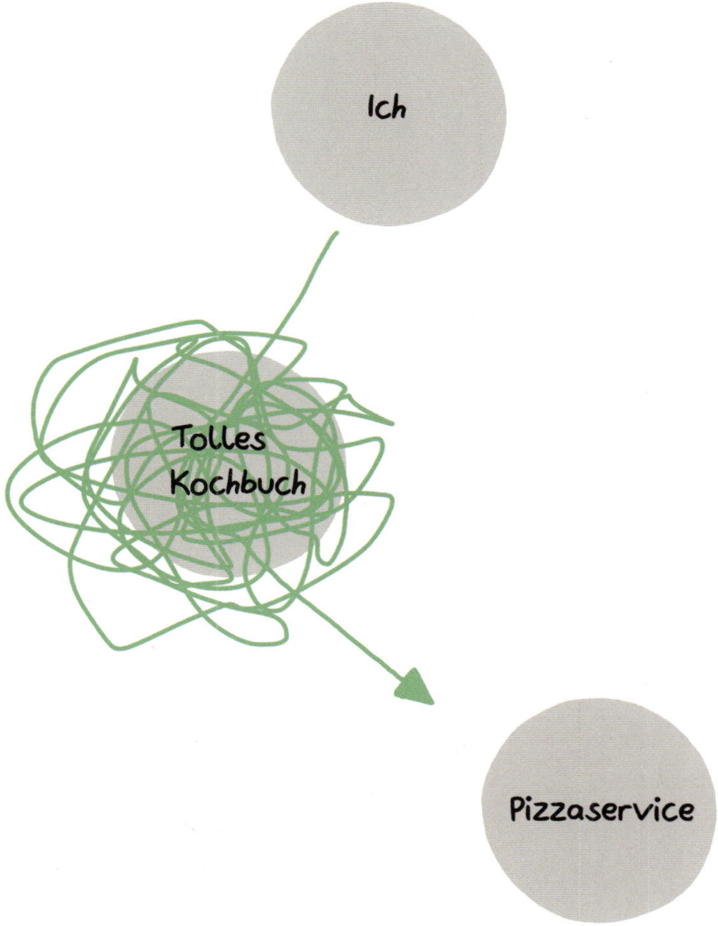

WOZU ICH EINEN RAUCH-MELDER IN DER KÜCHE HABE

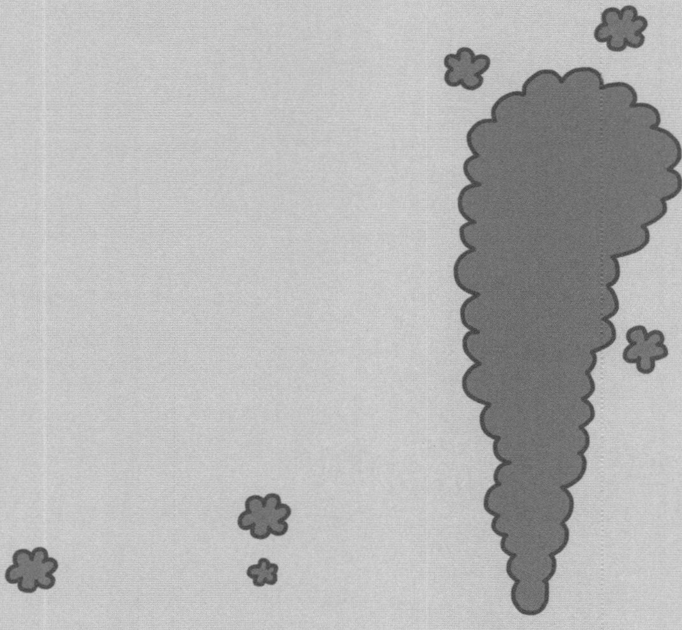

3%

Brand melden

11%

Fehlalarm verursachen

86%

Mich daran erinnern, vielleicht mal einen Kochkurs zu besuchen

WAS ICH DENKE, WENN ICH MIR DIE ZUTATENLISTE AUF LEBENSMITTELVERPACKUNGEN DURCHLESE

WAS KINDER HEUTE DENKEN, WENN SIE EINEN APFEL SEHEN

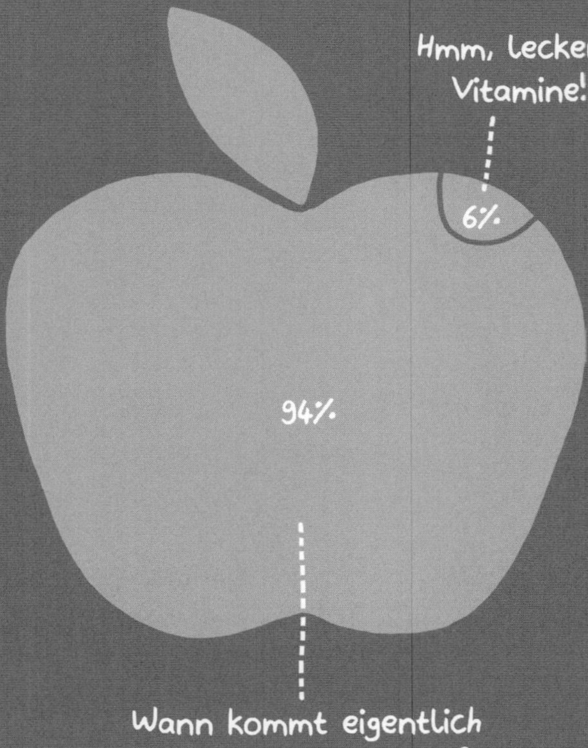

WAS ICH MIT GEKOCHTEN REISKÖRNERN MACHE

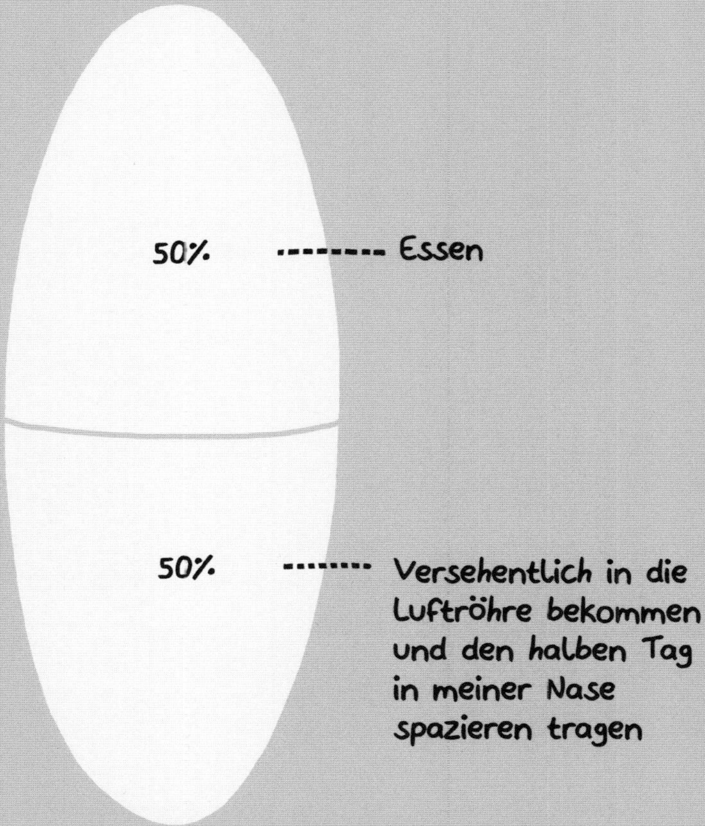

WENN ICH IM AUSLAND EIN RESTAURANT BESUCHE

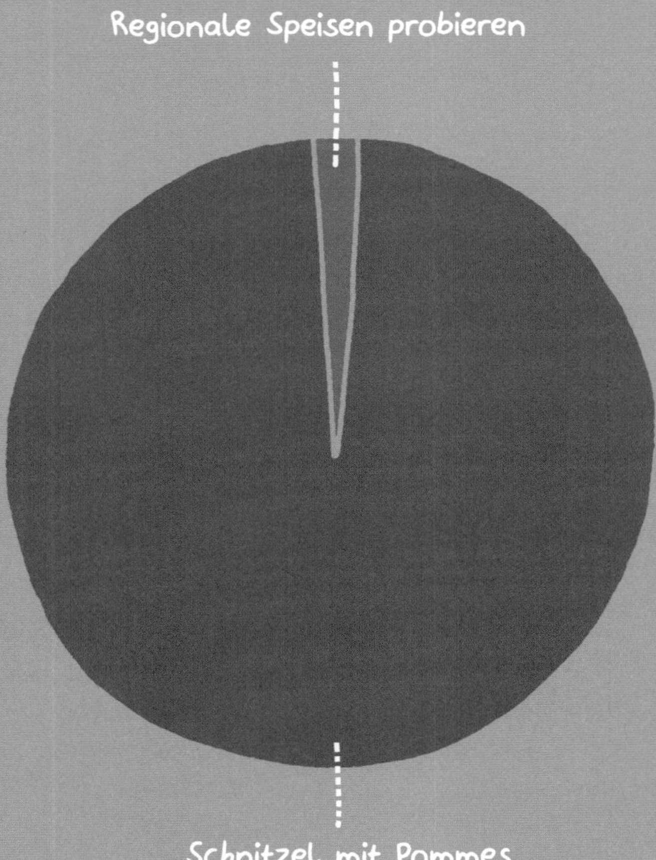

DAS MCDONALD'S-PARADOXON

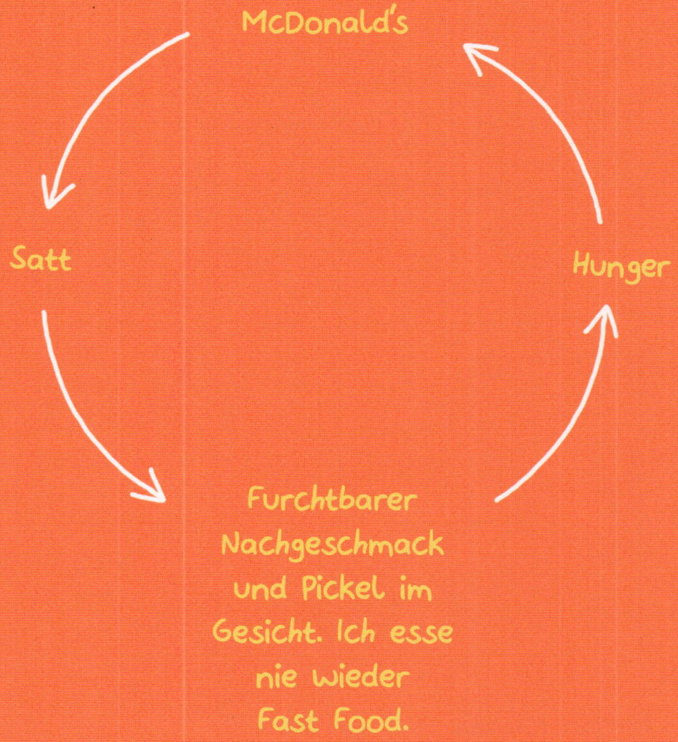

WANN ICH EINEN SPONTANEN LACHKRAMPF BEKOMME

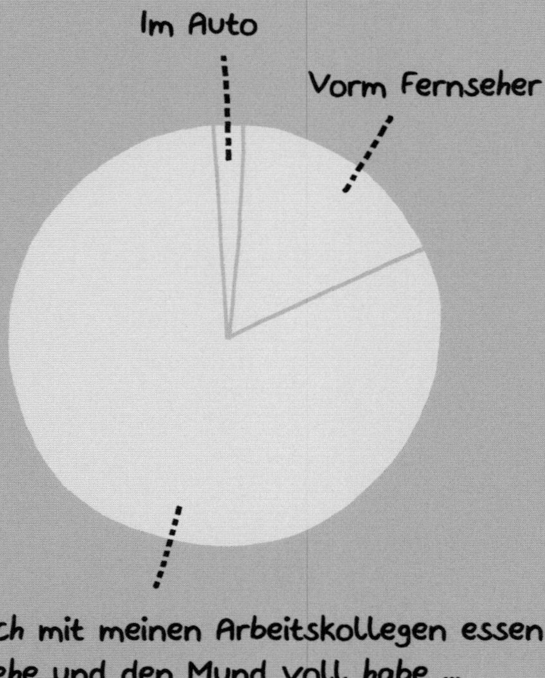

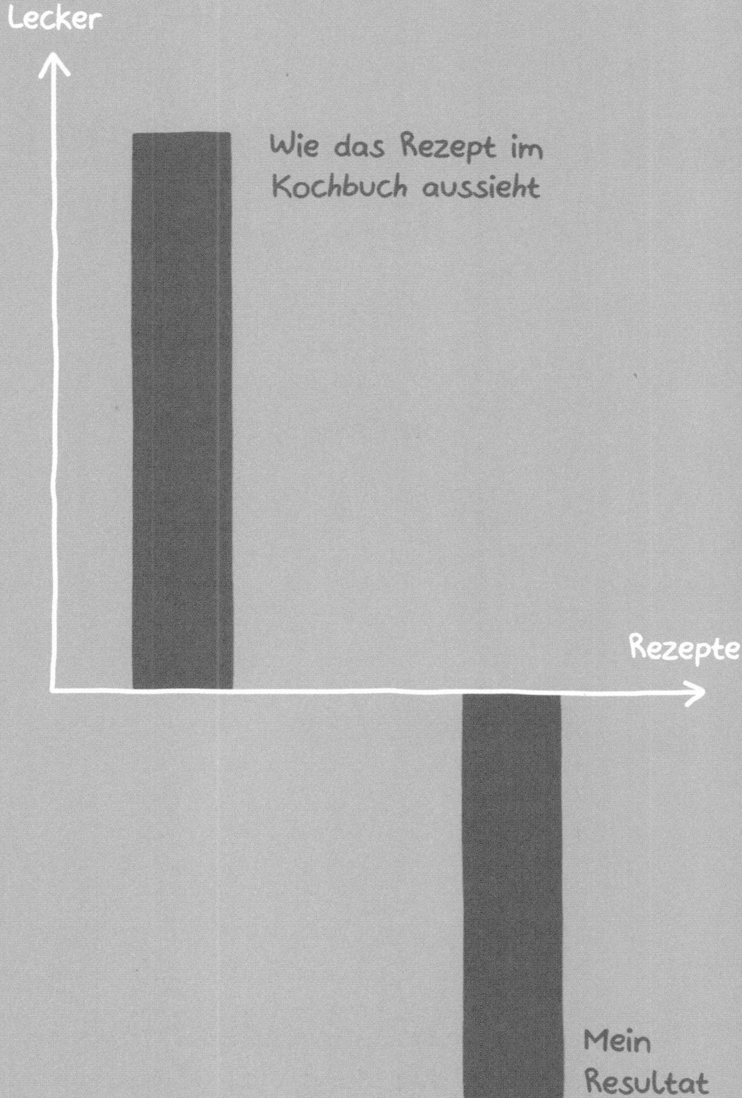
Lecker
Wie das Rezept im Kochbuch aussieht
Rezepte
Mein Resultat

WENN KINDER DIE LEBENSMITTELPYRAMIDE ENTWICKELT HÄTTEN

WAS ICH MACHE, WENN ICH LERNEN MUSS

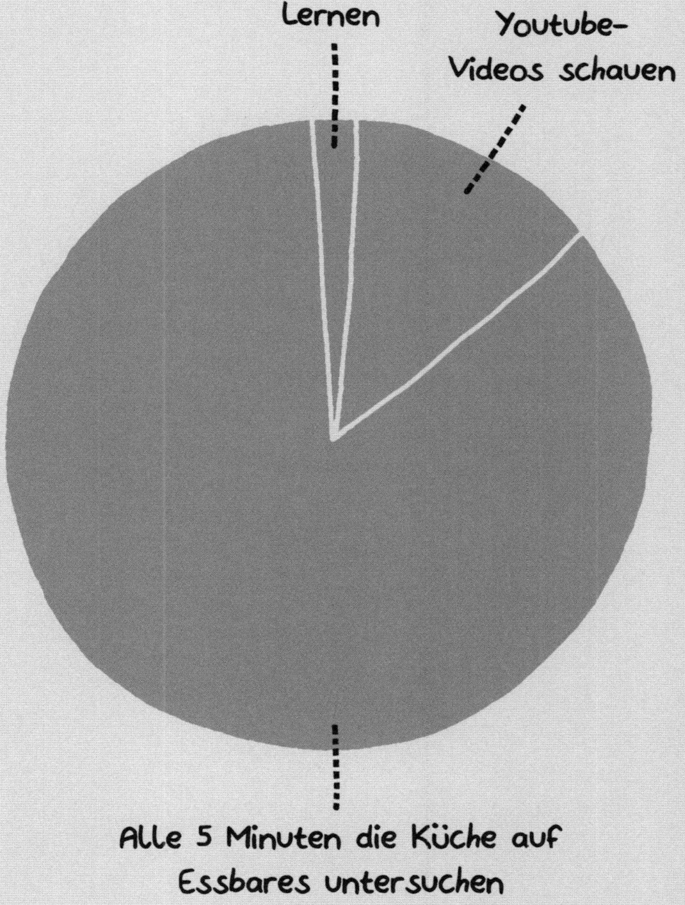

WENN ICH WASABIPASTE ZU MEINEM SUSHI ESSE

WENN ICH AN DER BIOSUPERMARKT-KASSE ERFAHRE, WAS DER EINKAUF KOSTET

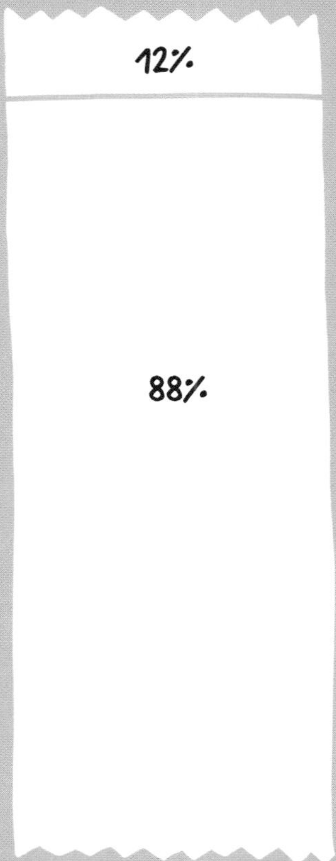

Ja, klingt logisch

Ähm, Entschuldigung, könnte es sein, dass Sie den Einkaufswagen versehentlich mitberechnet haben?

WARUM SICH LEUTE KÜCHEN FÜR 30.000 € KAUFEN

WAS VEGETARIER AN SCHWEINEN SO LECKER FINDEN

WAS WIR MACHEN, WÄHREND DAS TOASTBROT IM TOASTER STECKT

WO ES VOLLKOMMEN NORMAL IST, 300 ÄPFEL ZU KAUFEN

WAS MAN HEUTE BRAUCHT, UM IM SUPERMARKT EINKAUFEN ZU GEHEN

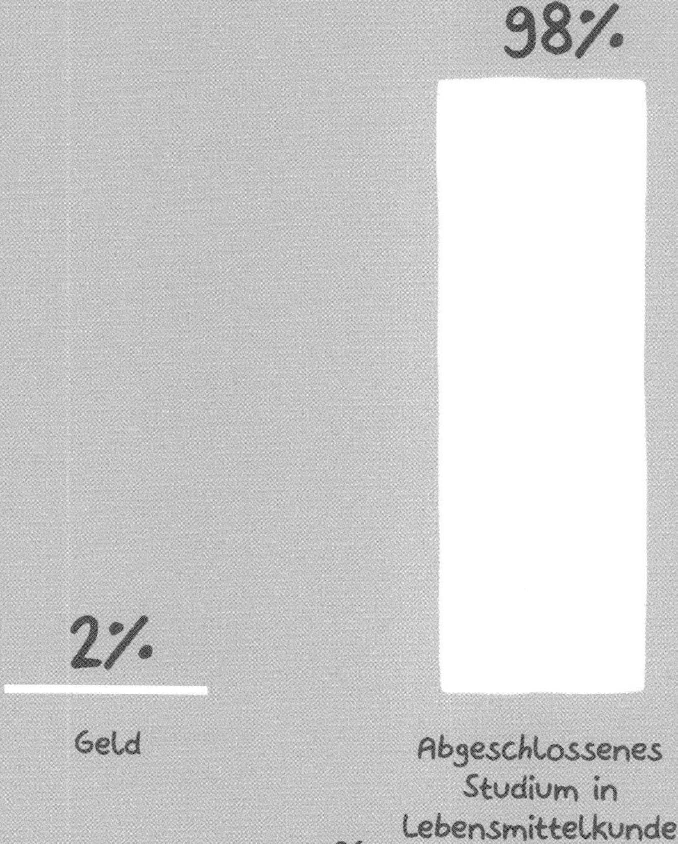

WAS ICH MACHE, WENN DER TOAST FERTIG IST

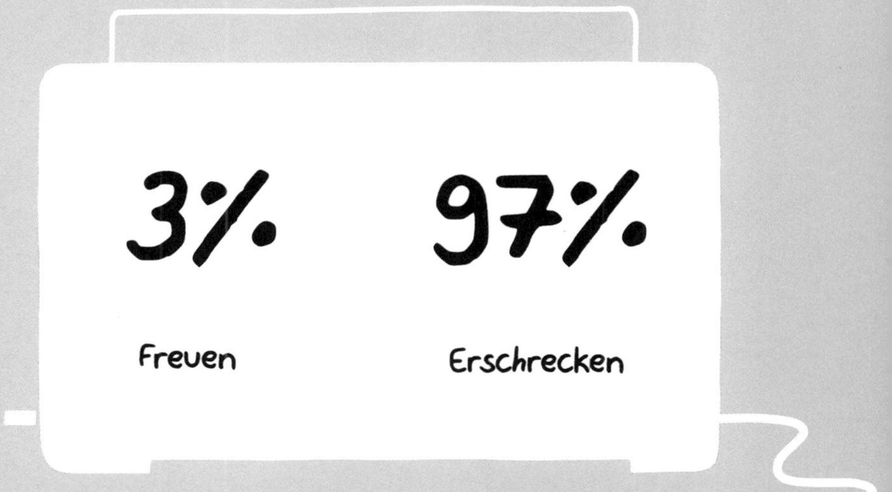

KAPITEL 3

FAMILIE

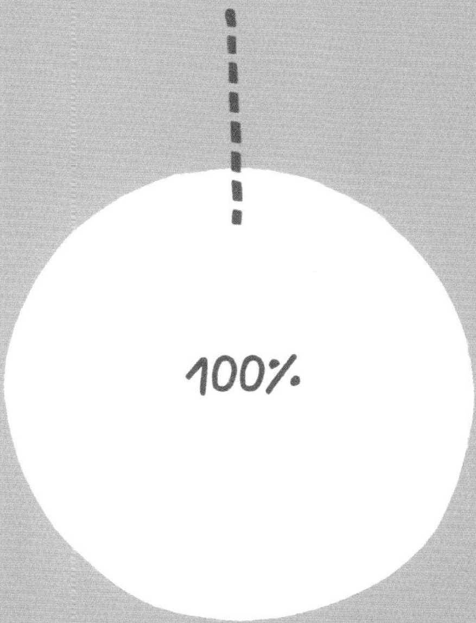

VERHALTEN VON KINDERN

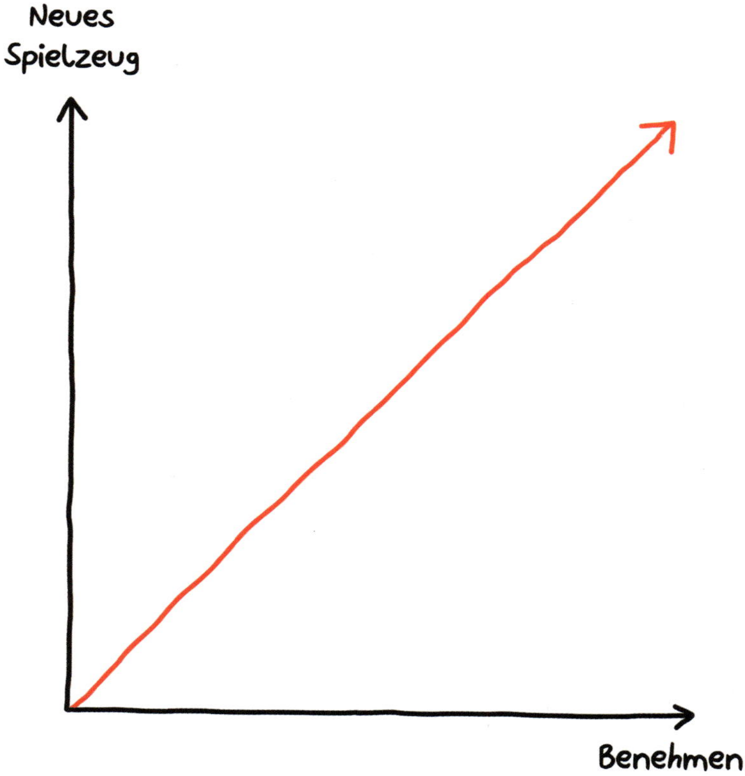

WAS MÜTTER IN DER WASCHKÜCHE DENKEN

WENN KINDER BEI BRETTSPIELEN …

… GEWINNEN

Lachen stundenlang, fühlen sich wie die Könige der Welt und erinnern jeden Mitspieler im Laufe des Tages noch mehrmals daran, dass sie gewonnen haben.

… VERLIEREN

Eine heulende Abrissbirne auf zwei Beinen legt die komplette Wohnung in Schutt und Asche.

WARUM ELTERN IM HERBST IHRE KINDER DRACHEN STEIGEN LASSEN

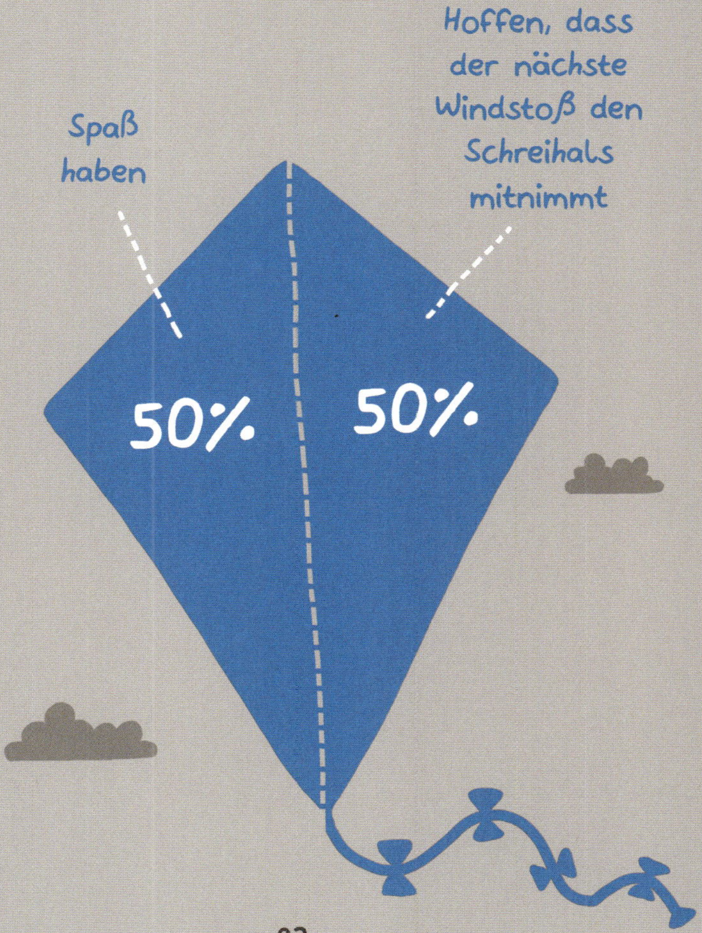

WARUM SICH KINDER BUNTSTIFTE WÜNSCHEN

Um Bilder auf Papier zu malen

Um heimlich die Wände im Haus „zu verschönern"

DIE MEISTGEHÖRTEN SÄTZE MIT 5 JAHREN

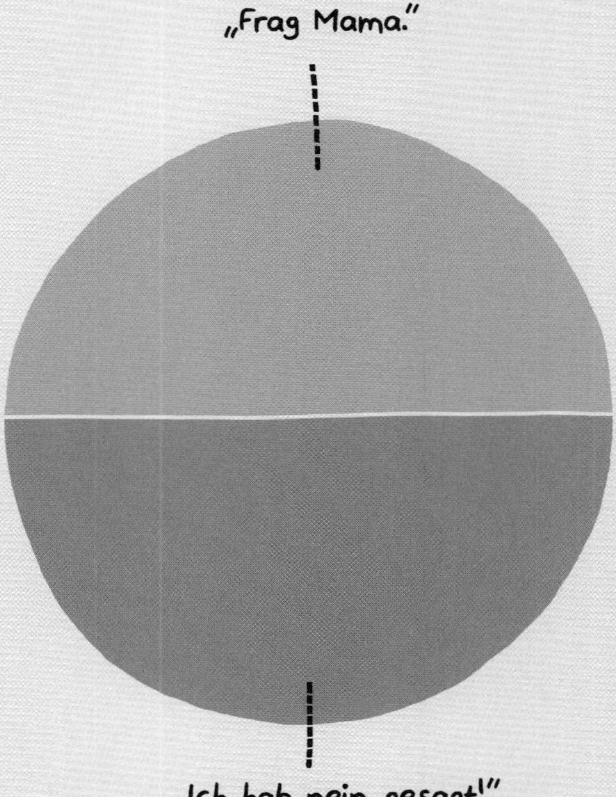

WER SICH VOR VÄTERN BESONDERS IN ACHT NEHMEN MUSS

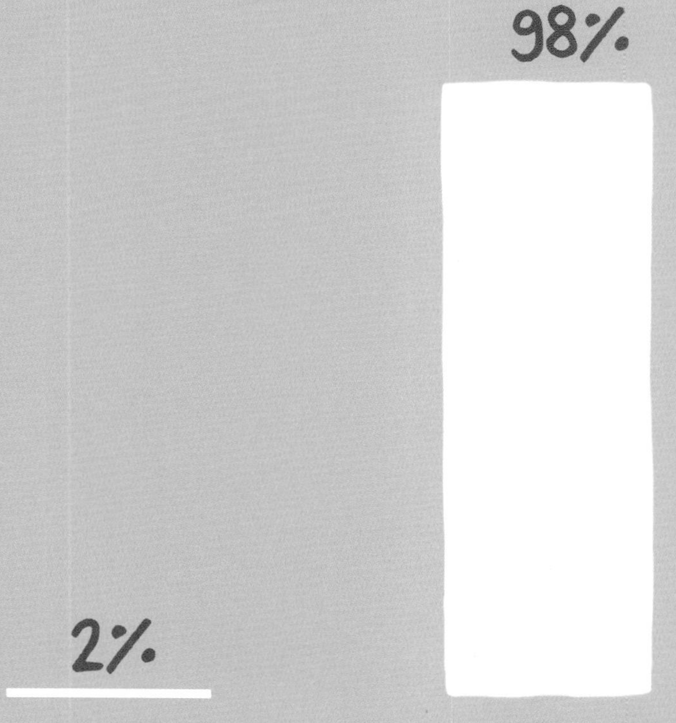

WAS ELTERN ÜBER SELBST GEBASTELTE GESCHENKE VON IHREN KINDERN DENKEN

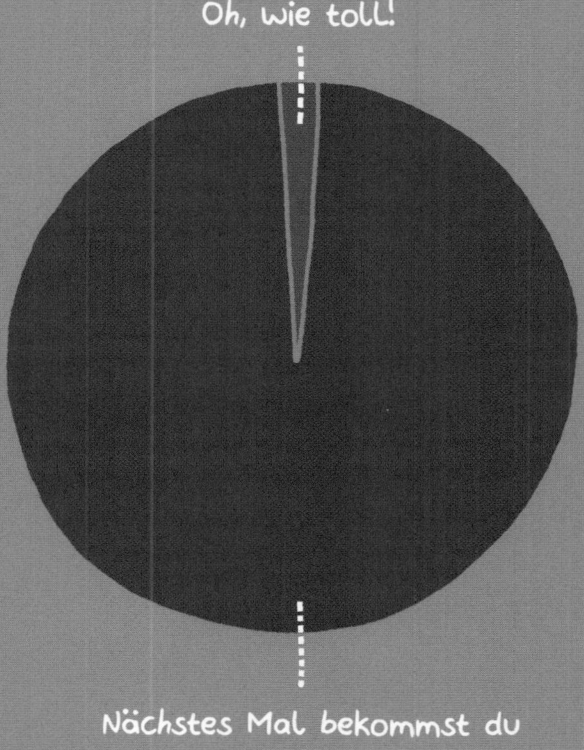

WIE ERSTKLÄSSLER SICH SEHEN

WIE ERWACHSENE ERSTKLÄSSLER SEHEN

WENN KINDER EINEN HASEN BEKOMMEN

1. Jahr: Die Kinder kümmern sich

2. Jahr: Die Eltern kümmern sich

3. Jahr: Der Hase sollte sich am besten einen Job suchen und selbst versorgen

NACHDEM DER FÜNFJÄHRIGE SOHN ZWEI SPIELKAMERADEN ZU BESUCH HATTE

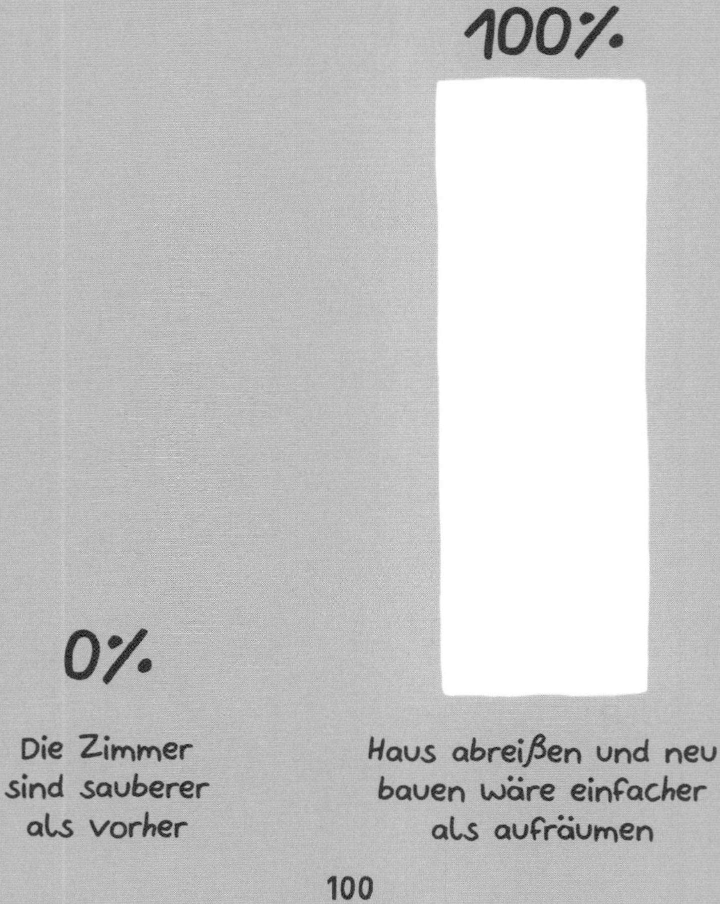

WAS OMAS AM LIEBSTEN MACHEN

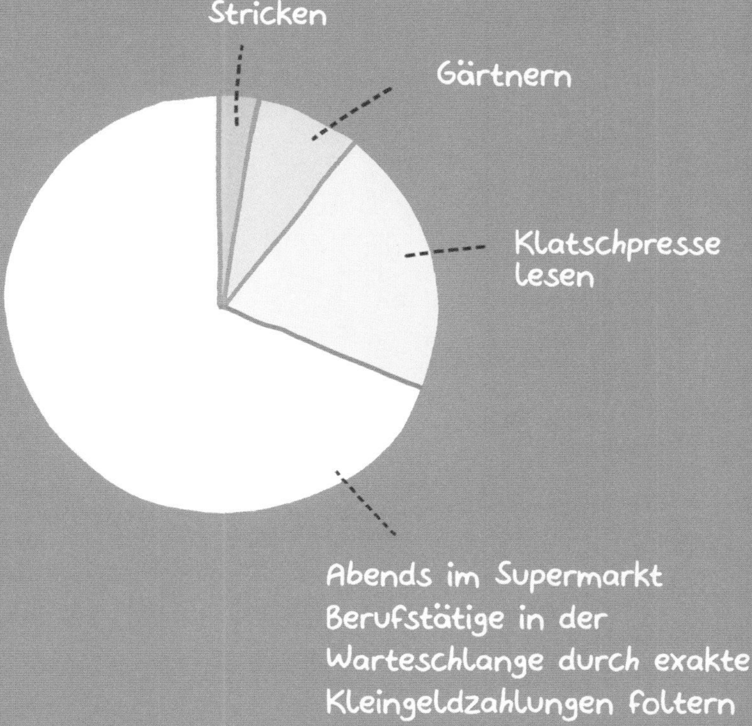

WAS ELTERN HEUTE DENKEN, WENN IHR KIND DEM GRUNDSCHULLEHRER MIT ANLAUF IN DEN SCHRITT TRITT

„HÖHER, PAPA!"

Realität

Wie Mütter es sehen

WAS MEINE MUTTER DENKT, WENN SIE PROBLEME MIT DEM INTERNET-BROWSER HAT

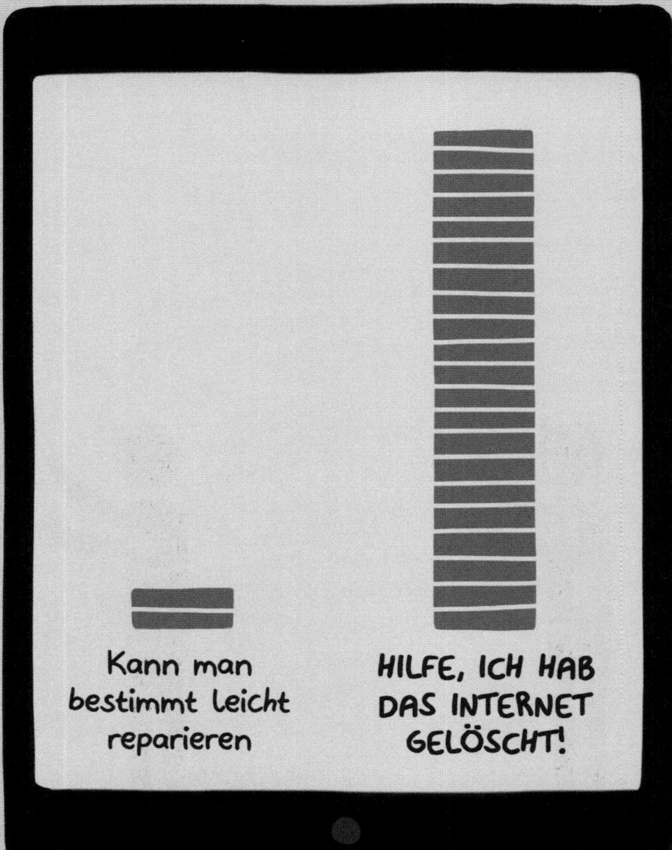

WAS OMA UND OPA DENKEN, WENN DIE ENKEL VOM INTERNET ERZÄHLEN

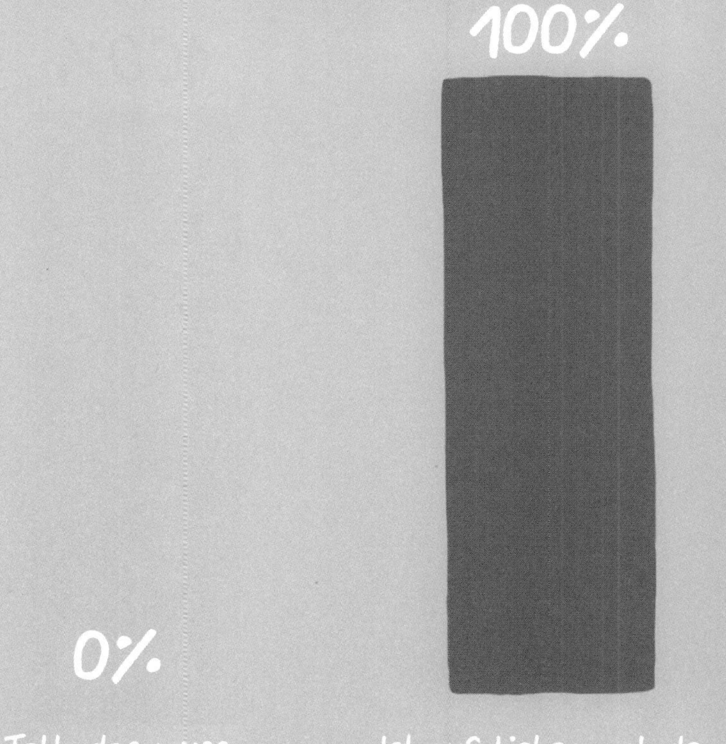

„HAST DU HEIMLICH DIE GANZE SCHOKOLADENTAFEL GEGESSEN?“

(DAS HALBE GESICHT DES KINDES IST BRAUN VERSCHMIERT)

WANN KLEINKINDER ABENDS AUFWACHEN

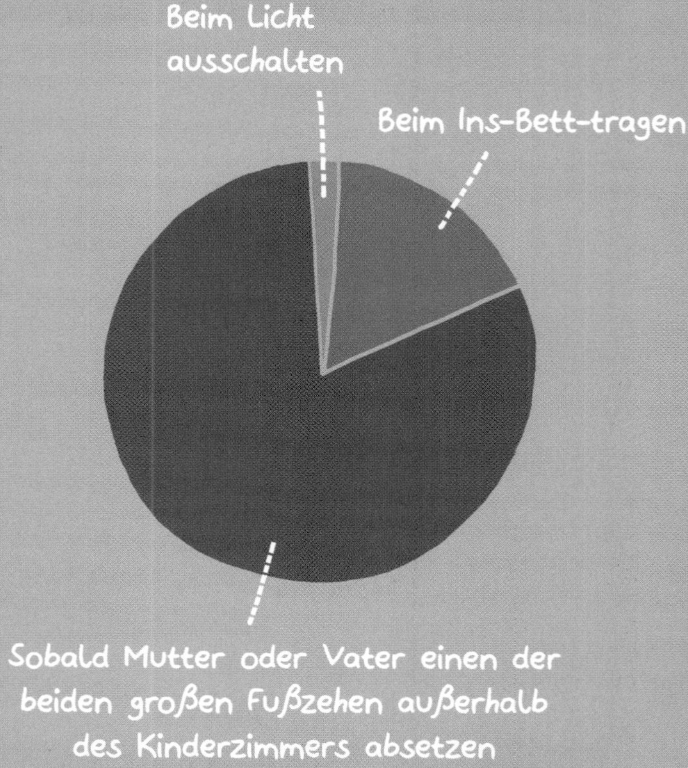

WIE MEINE MUTTER VERSUCHT, PROBLEME MIT IHREM iPAD ZU LÖSEN

WARUM KINDER EINE JACKE TRAGEN

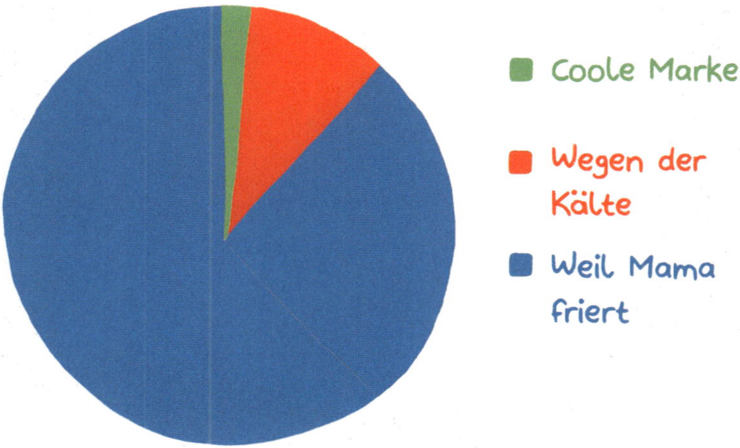

WIE KINDER MILCH TRINKEN

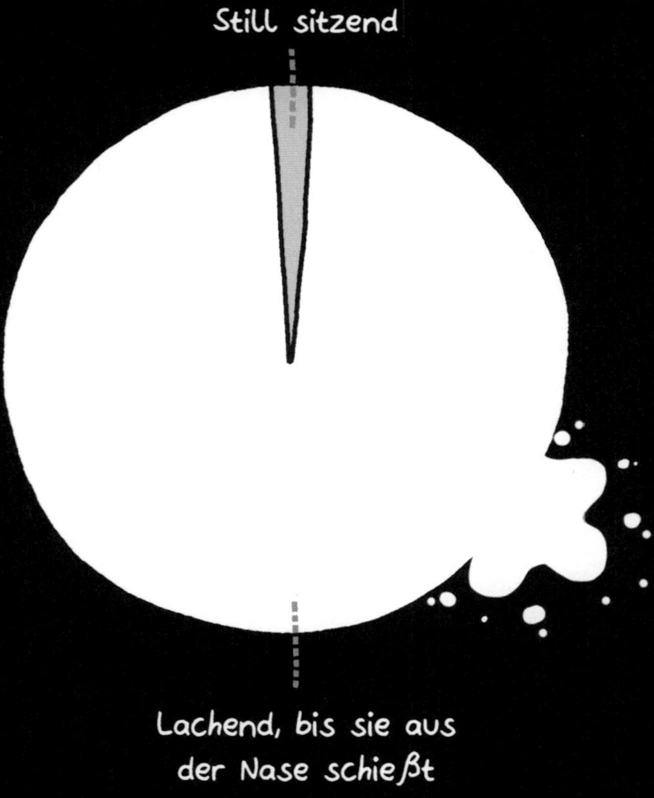

WENN SCHWANGERE MÜTTER DEN NACHWUCHS FRAGEN, OB SIE SICH EIN BRÜDERCHEN ODER EIN SCHWESTERCHEN WÜNSCHEN

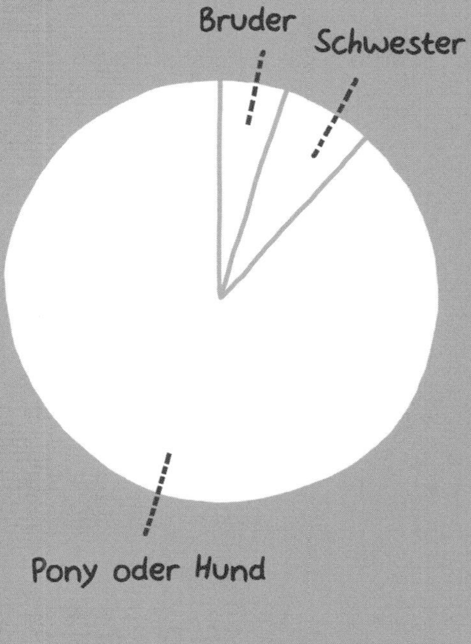

WORAN MAN ERKENNT, DASS DER NACHWUCHS WIEDER WAS IM SCHILDE FÜHRT

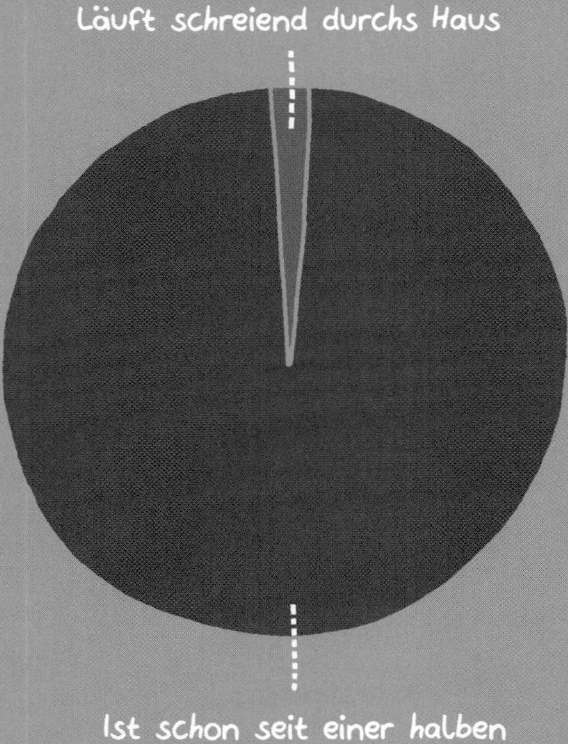

WAS ELTERN DENKEN, WENN DER KLASSENLEHRER MIT IHNEN SPRECHEN MÖCHTE

WIE SICH JUGENDLICHE AUF KLAUSUREN VORBEREITEN

Noch 7 Tage:	Jammern, wie viel noch zu lernen ist
Noch 6 Tage:	Rumgammeln und nix tun
Noch 5 Tage:	Rumgammeln und nix tun
Noch 4 Tage:	Rumgammeln und nix tun
Noch 3 Tage:	Rumgammeln und nix tun
Noch 2 Tage:	Rumgammeln und nix tun
Noch 1 Tag:	Panisch mit dem Lernen anfangen und sich gedanklich schon mal aufs Sitzenbleiben vorbereiten

LIEBLINGSWÖRTER VON KINDERN

Platz 3: Mama/Papa

Platz 2: Menno

Platz 1: Nochmal

DER ERSTE GEDANKE MEINER MUTTER, WENN SIE ERFÄHRT, DASS ICH IN EIN KRANKENHAUS EINGELIEFERT WURDE

Hoffentlich
nichts Schlimmes

Hoffentlich
hat er saubere
Unterwäsche an

WARUM SICH KINDER STREITEN

DIE SCHOCKIERENSTEN MOMENTE ALS KIND

DAS BESTE AM VATERSEIN

WAS OMA UND OPA DENKEN, WENN DIE ENKEL INS iPAD GLOTZEN

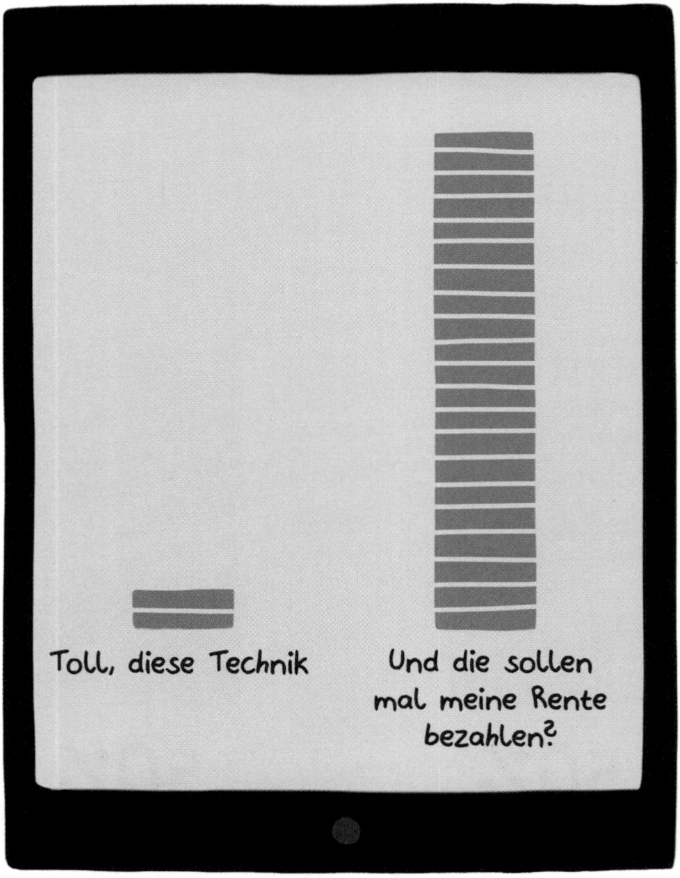

TRAUMBERUFE VON KINDERN

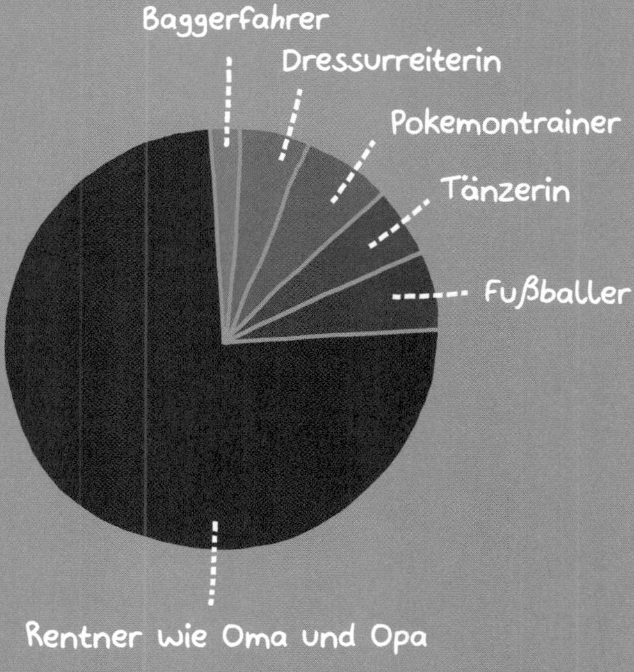

WIE MÜTTER IHRE KINDER AB DEM 18. LEBENSJAHR VERABSCHIEDEN

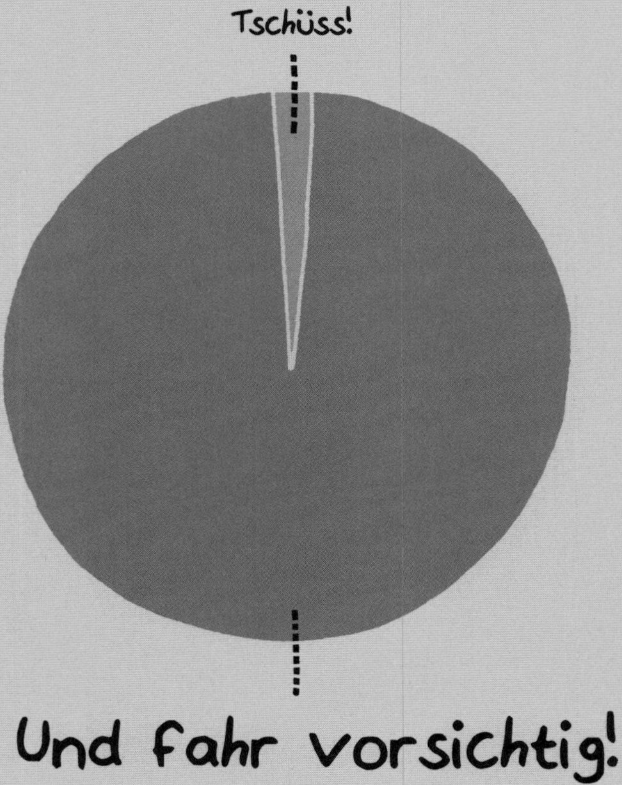

WARUM KINDER IN DEN KINDERGARTEN GEHEN

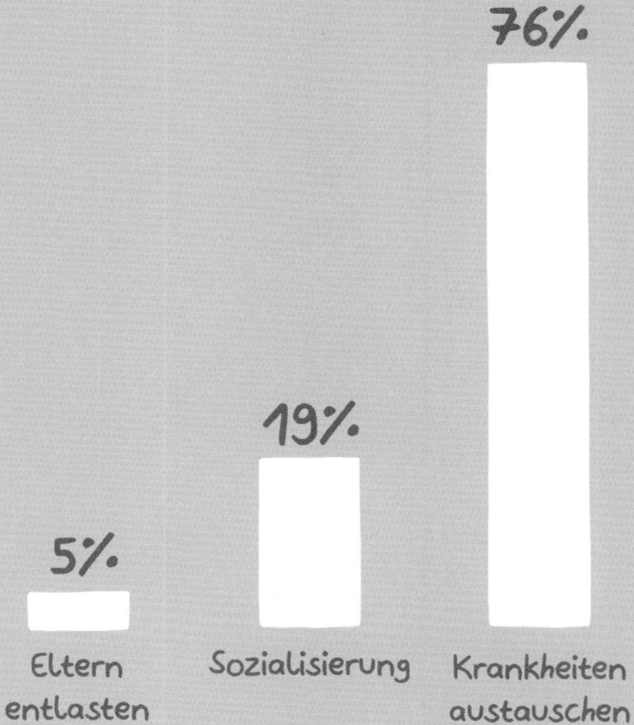

WAS KINDER ÜBER WEIHNACHTEN WISSEN

WENN KINDER ZUM ERSTEN MAL VERSTECKEN SPIELEN

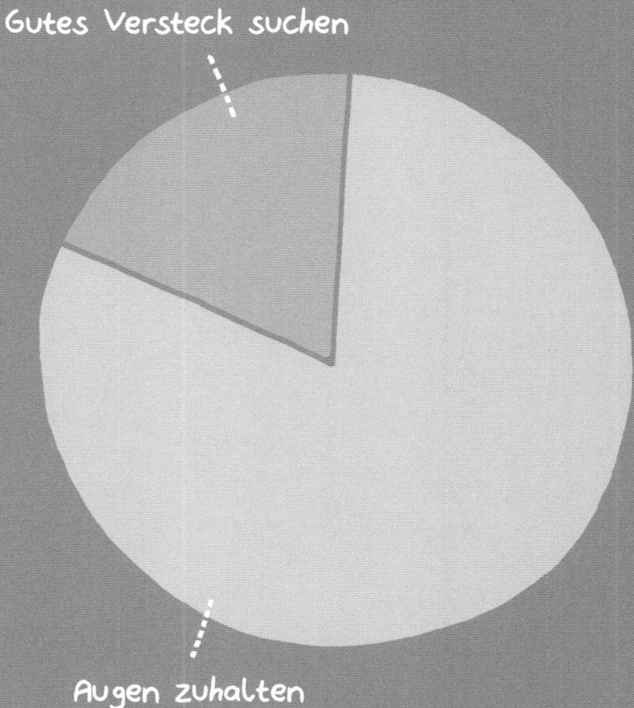

WENN VÄTER MAL DEM BABY DIE VOLLE WINDEL WECHSELN SOLLEN

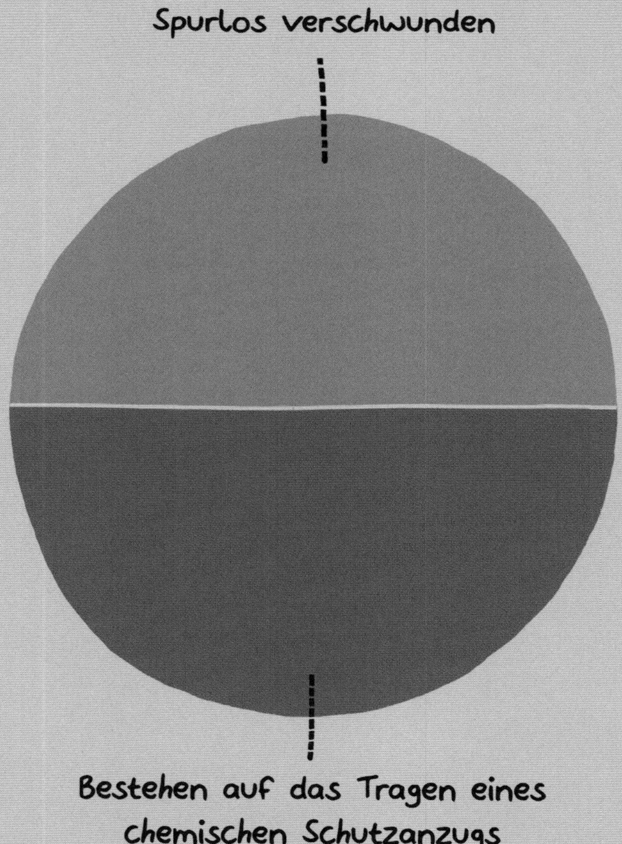

WAS ICH DENKE, WENN EINE KLEINIGKEIT NICHT NACH PLAN LÄUFT

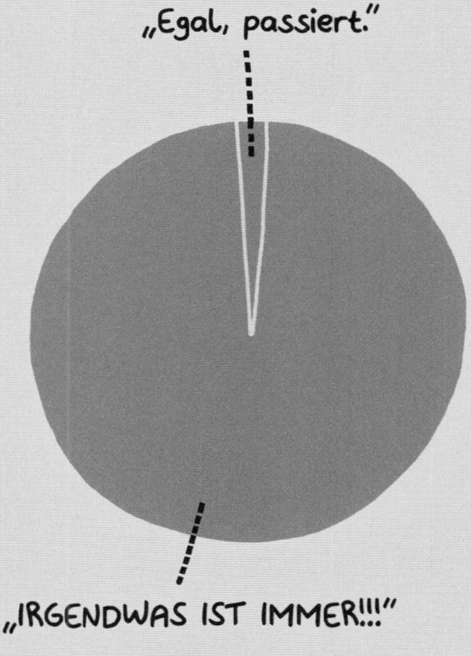

KAPITEL 4

FREIZEIT

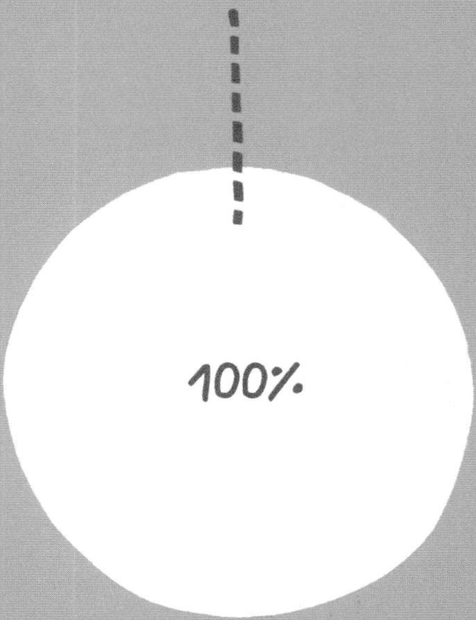

DIE GRÖSSTEN ÄNGSTE DER MENSCHHEIT

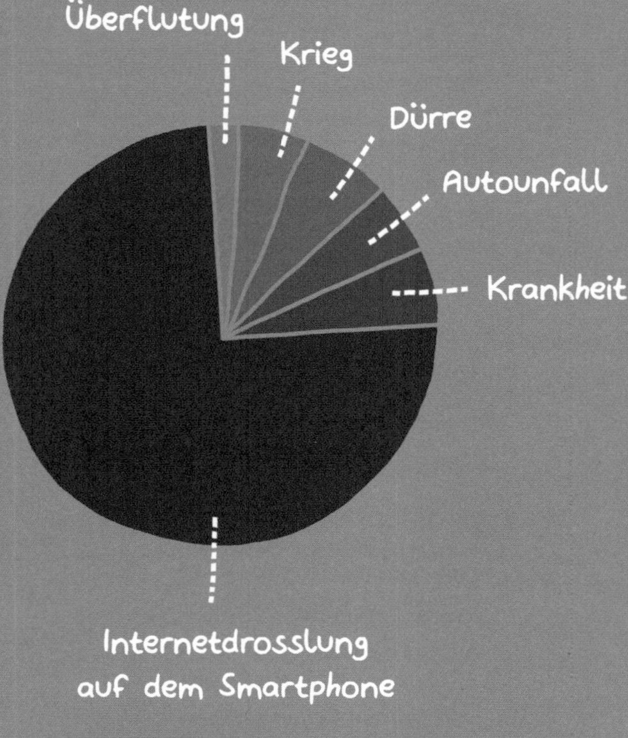

WENN ICH MEINE BRILLE SUCHE

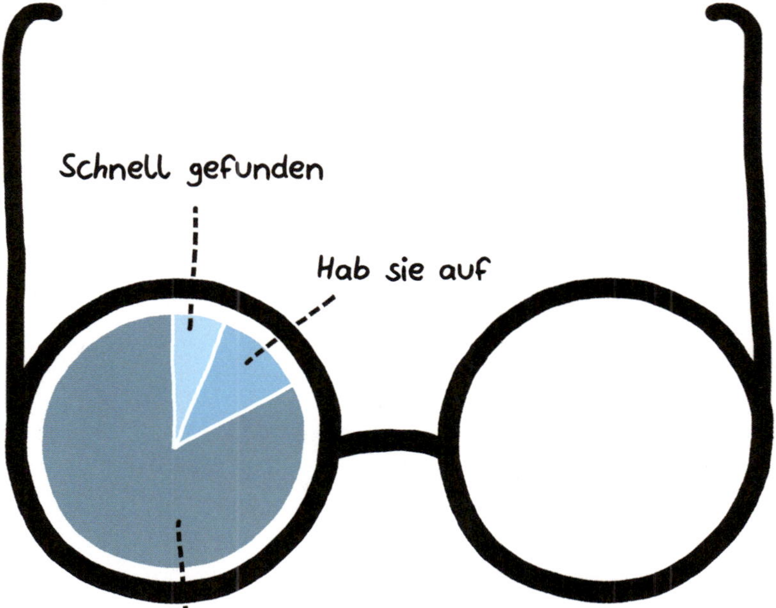

WAS WIR DENKEN, WENN DIE ALARMANLAGE EINES AUTOS ZU HÖREN IST

Schnell nachsehen, ist vielleicht ein Autodieb!

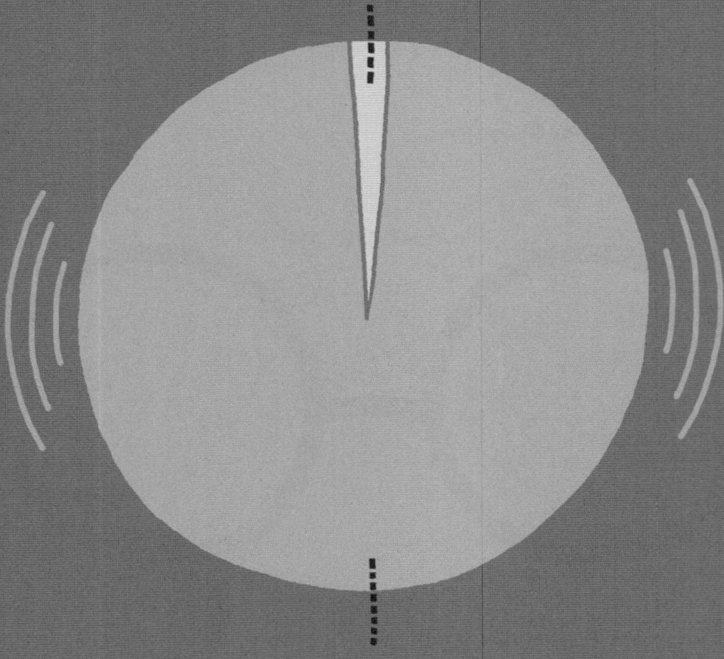

War bestimmt wieder der Autobesitzer selbst. Hört gleich auf.

WARUM WIR BÜCHER KAUFEN

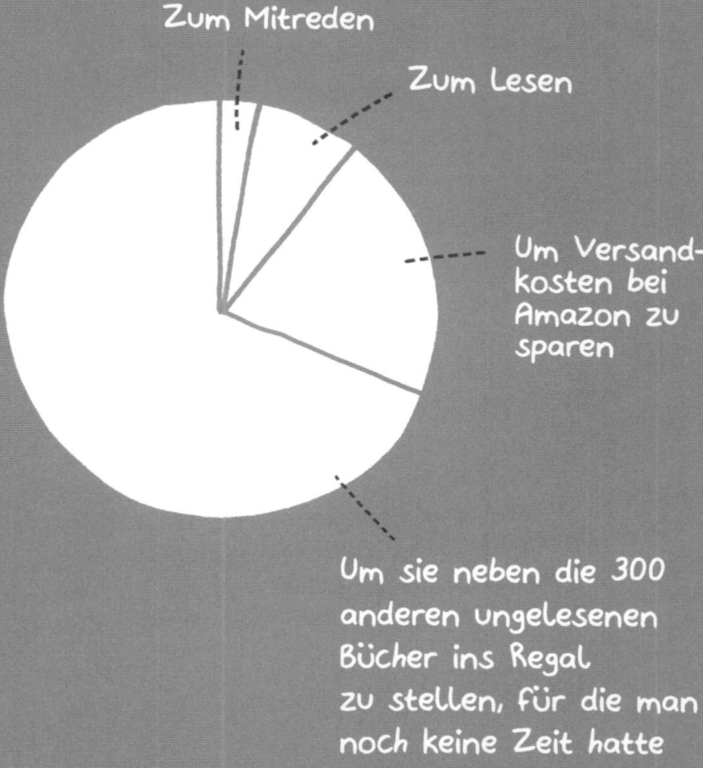

WARUM MENSCHEN CAMPEN

WAS ICH DENKE, WENN EIN MANN EXTREM NACH DEO RIECHT

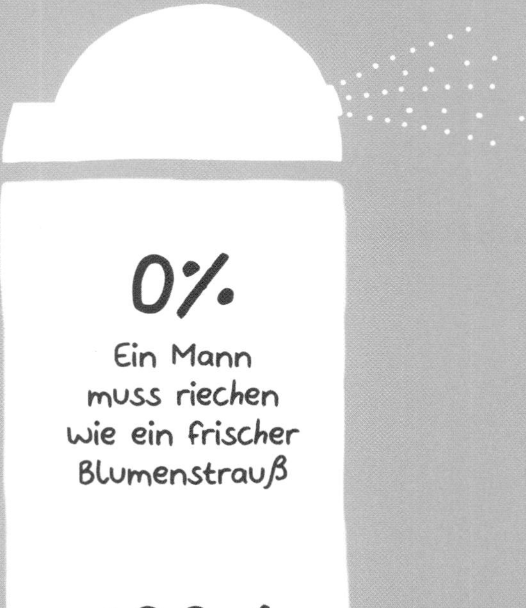

WO MENSCHEN EINKAUFEN, DIE SICH ÜBER AUSSTERBENDE INNENSTÄDTE BESCHWEREN

FACEBOOK

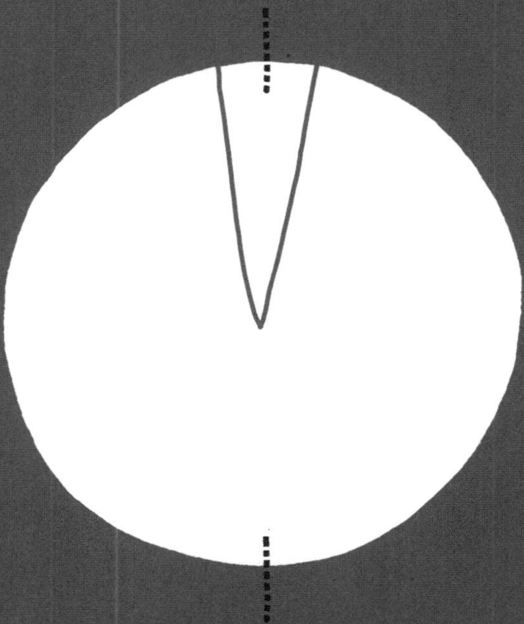
Interessanter Austausch mit Freunden und Bekannten
Blick in die tiefsten Abgründe der menschlichen Zivilisation

WAS VÄTER AM SPIELFELDRAND DENKEN, WÄHREND IHRE KINDER MIT DEM BALL ÜBER DEN VEREINSPLATZ STOLPERN

WIE JUGENDLICHE IHR GELD ANLEGEN

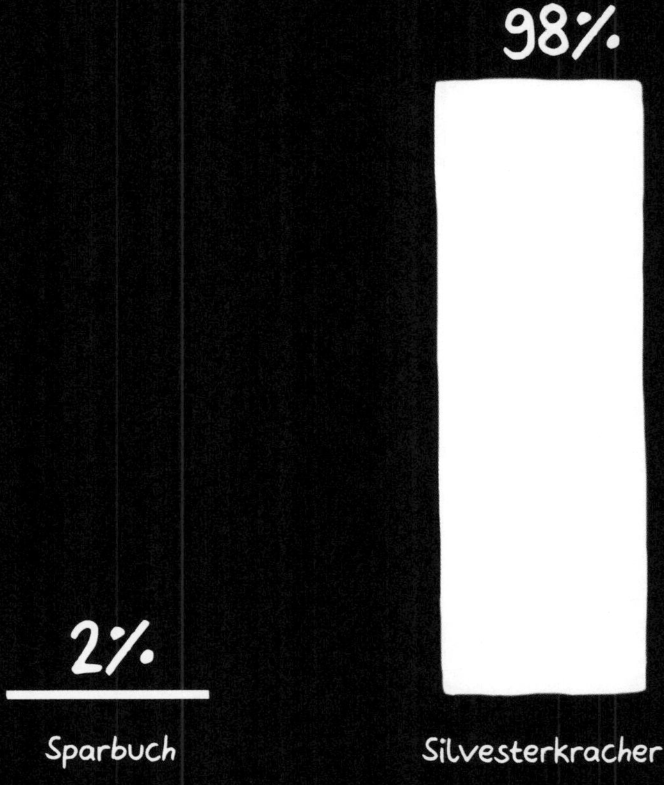

WOZU FACEBOOK EIGENTLICH GENUTZT WIRD

BUDGET FÜR HOLLYWOOD-FILME

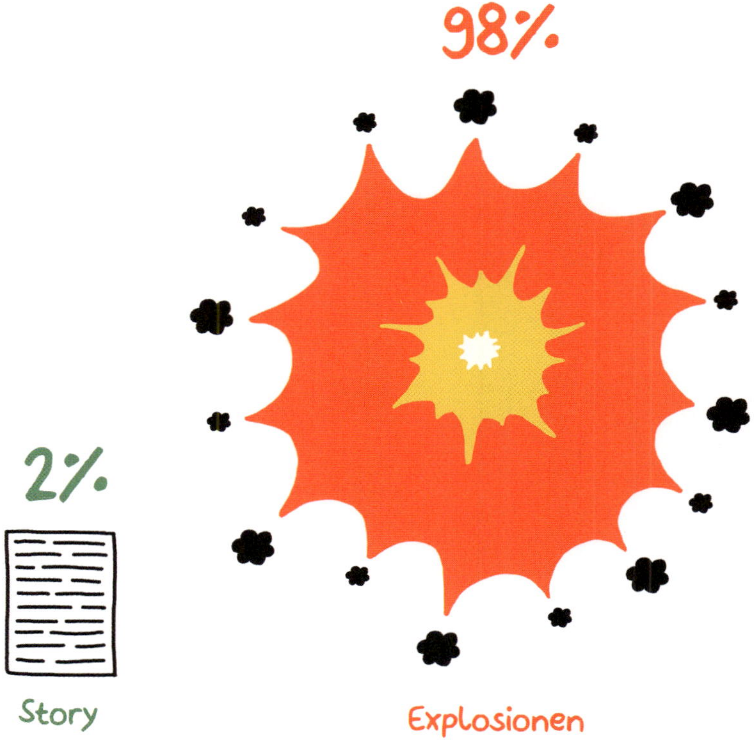

WORAUF ICH MICH AM MEISTEN FREUE

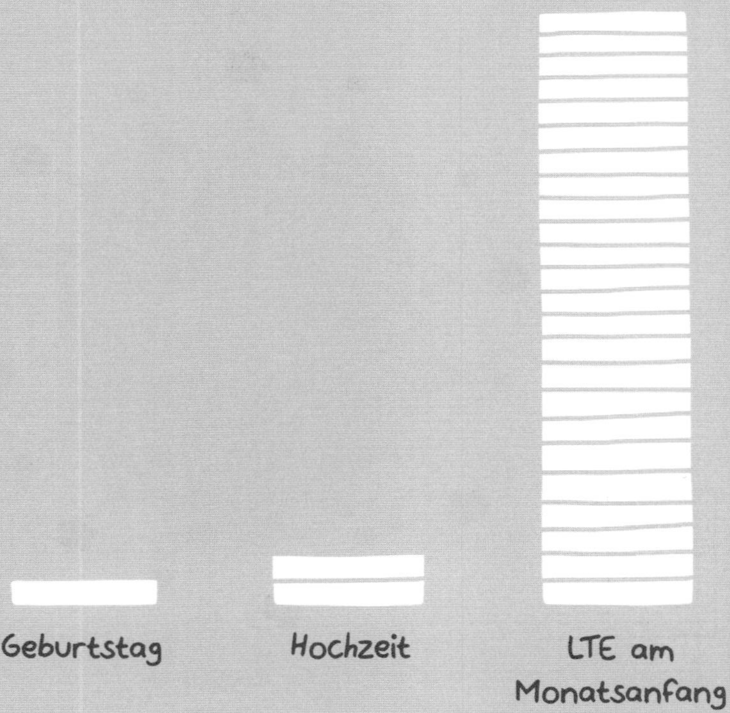

WEN WIR ALS ERSTES UM RAT FRAGEN, WENN WIR UNS KRANK FÜHLEN

WIE WIR GOOGLE NUTZEN

50% Irgendwas suchen
50% Rechtschreibung kontrollieren

WIE DEUTSCHE HALLOWEEN AM LIEBSTEN FEIERN

WAS VIELE INTERNET-NUTZER BRÄUCHTEN

WIE MAN DEN WERT EINES HOLZKLOTZES ENORM STEIGERT

Die Scheibe des örtlichen Juweliers damit einschlagen

Apple-Logo draufkleben und als iKlotz verkaufen

JAHRESZEITENDILEMMA

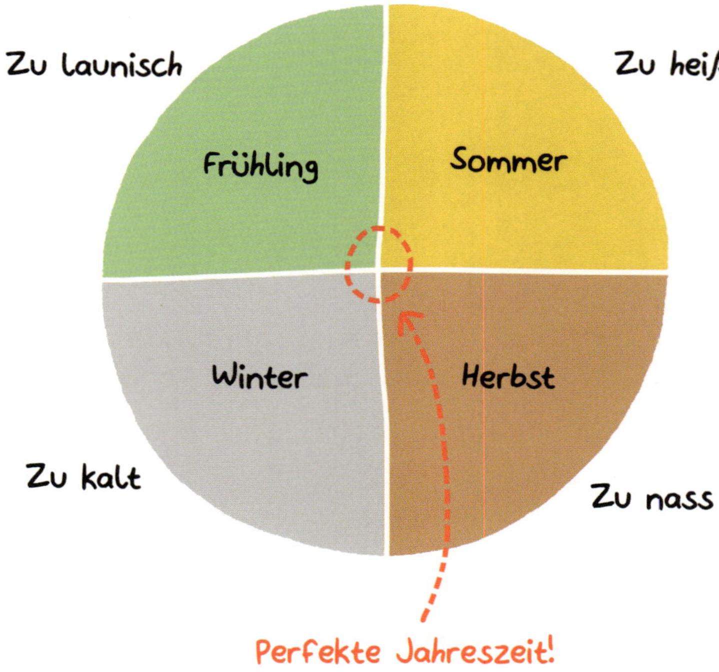

WENN ICH

EIN WENIG

KETCHUP ÜBER MEINE POMMES GEBEN MÖCHTE

99%

Halbe Flasche leer

WAS MENSCHEN MACHEN, DIE GERNE ANMERKEN, KEIN FERNSEHEN ZU SCHAUEN

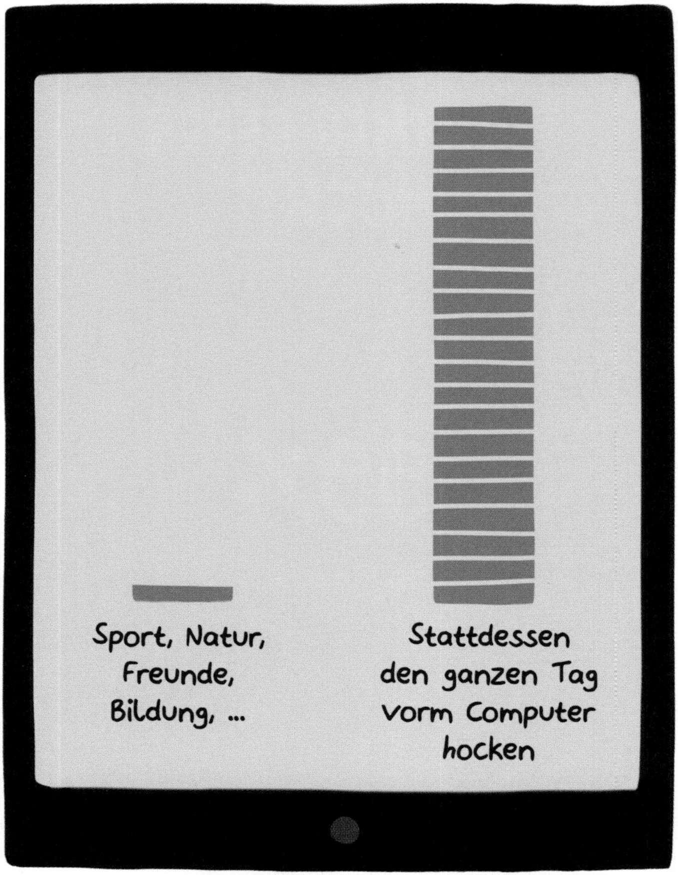

WARUM MEIN GELDBEUTEL SO DICK IST

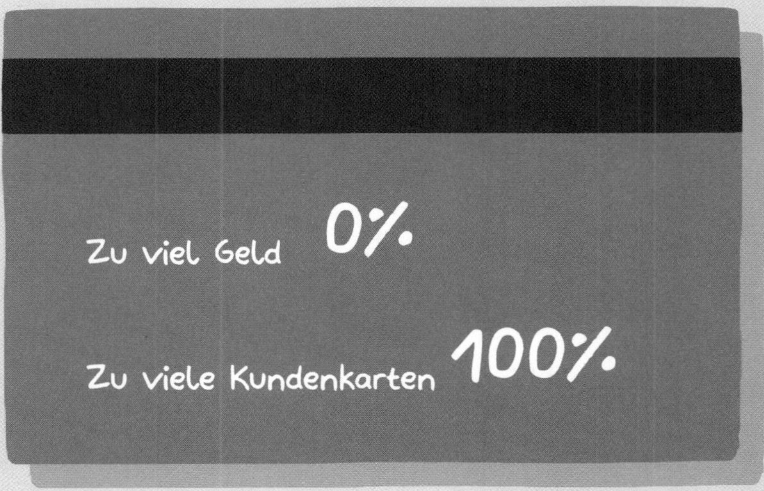

MENSCHEN, DIE DIR ÜBER FACEBOOK ZUM GEBURTSTAG GRATULIEREN

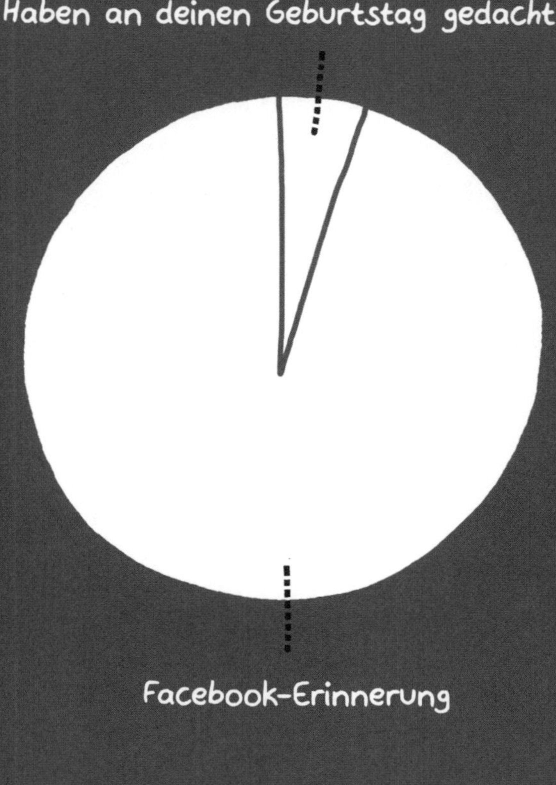

ICH UND SMARTPHONES

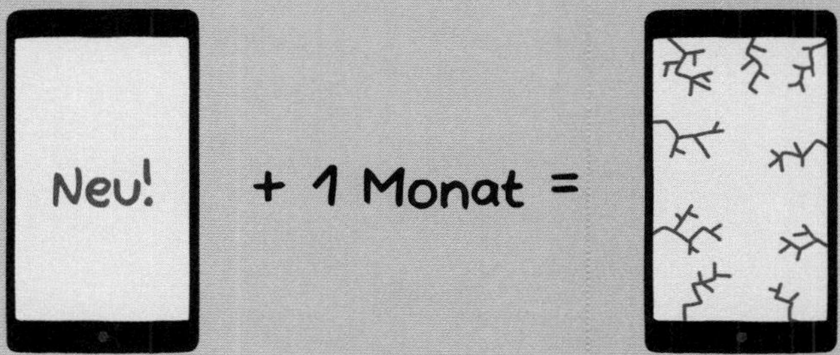

WAS MUSEUMSBESUCHER ÜBER MODERNE KUNST DENKEN

KOMMENTARE, DIE LINKSHÄNDER BEIM SCHREIBEN AM HÄUFIGSTEN HÖREN

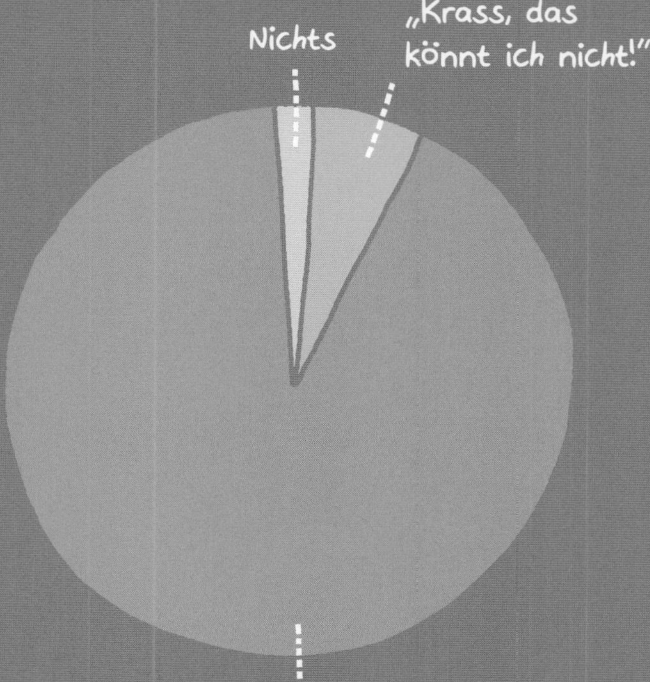

WO MÄNNER AM LIEBSTEN LESEN

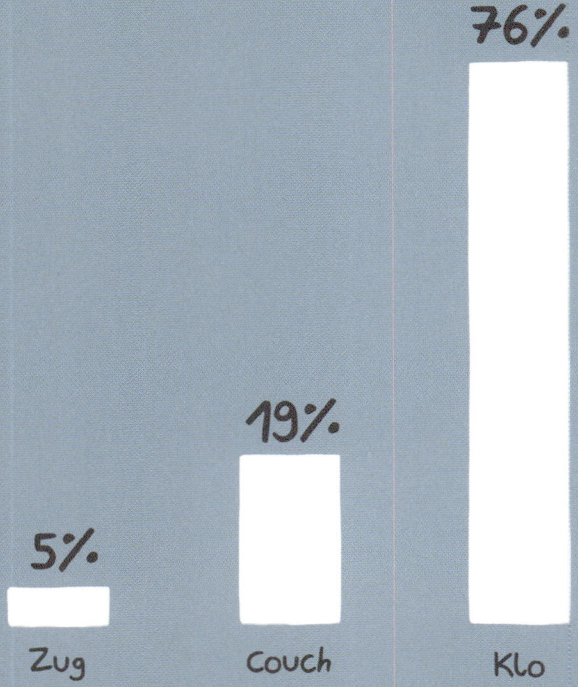

WAS FUSSGÄNGER NORDIC-WALKERN GERNE SAGEN WÜRDEN

„Sie wissen, wie Sie dabei aussehen?"

WAS ICH TRAGE, WENN ICH NASENBLUTEN HABE

NACH EINER LANGEN PARTYNACHT

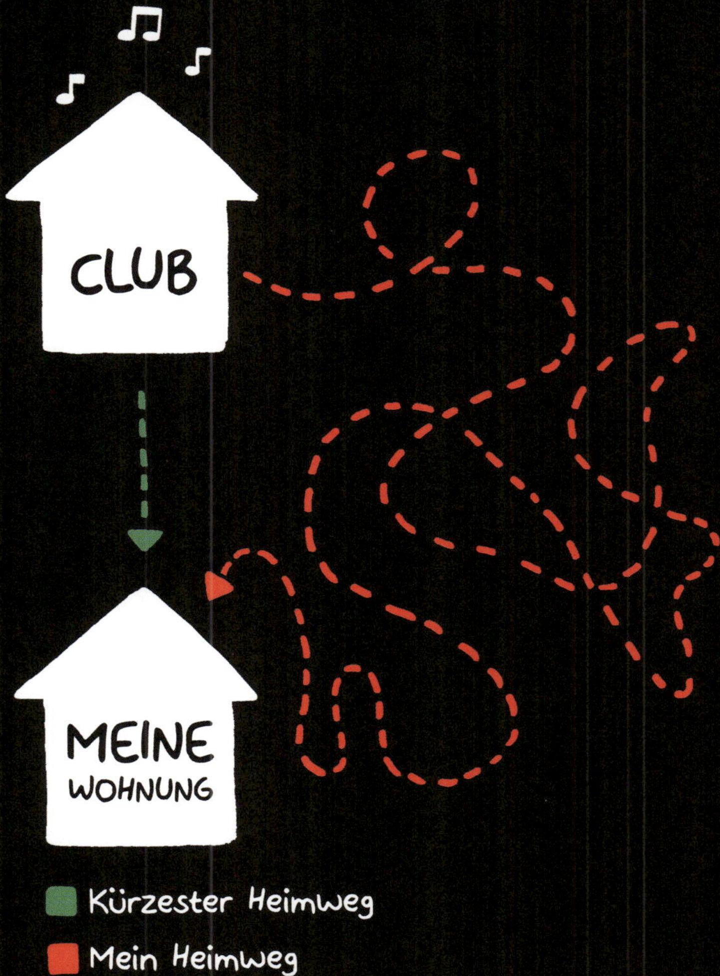

PISSOIR

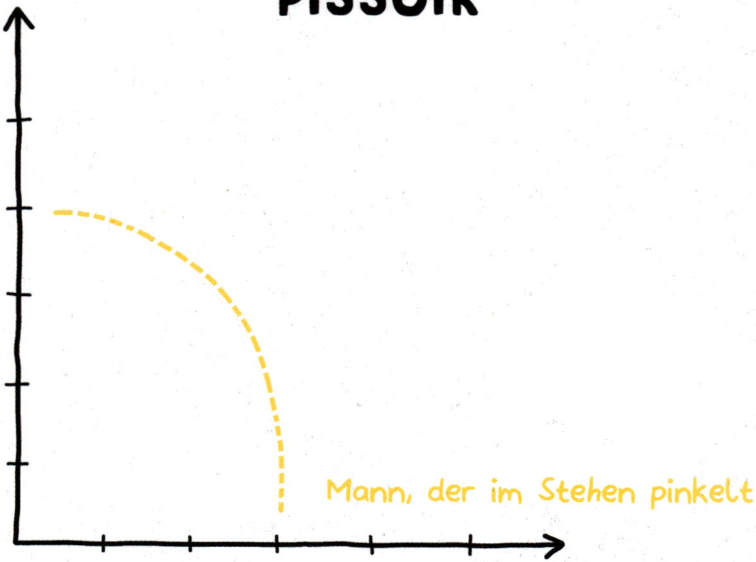
Mann, der im Stehen pinkelt

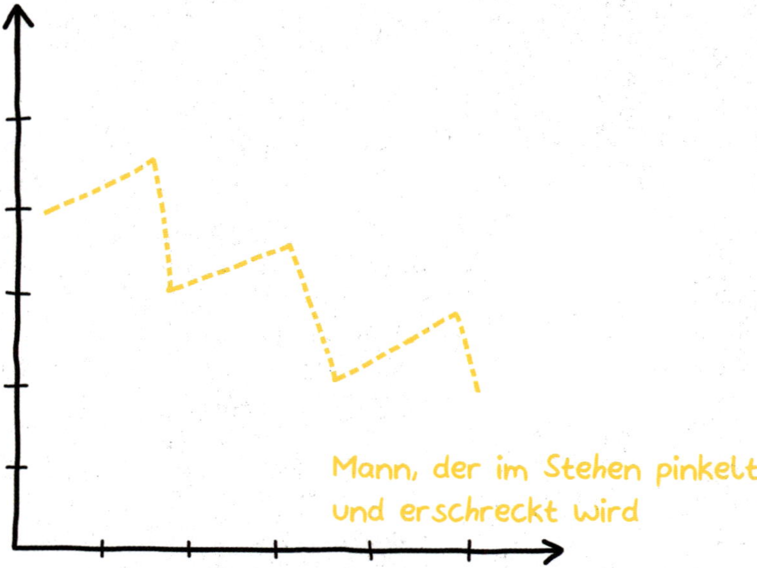
Mann, der im Stehen pinkelt
und erschreckt wird

WANN ICH DAS SCHILD BITTE DRÜCKEN AN TÜREN BEMERKE

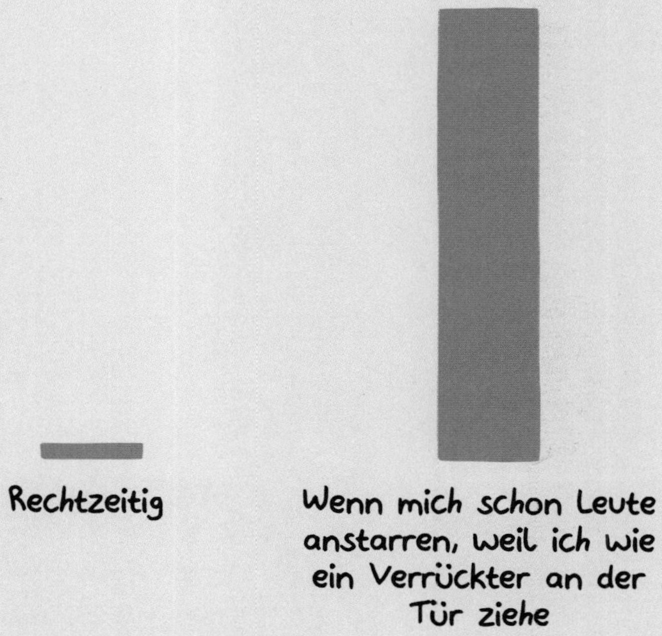

WORAN MAN EINEN PROFIFUSSBALLER ERKENNT

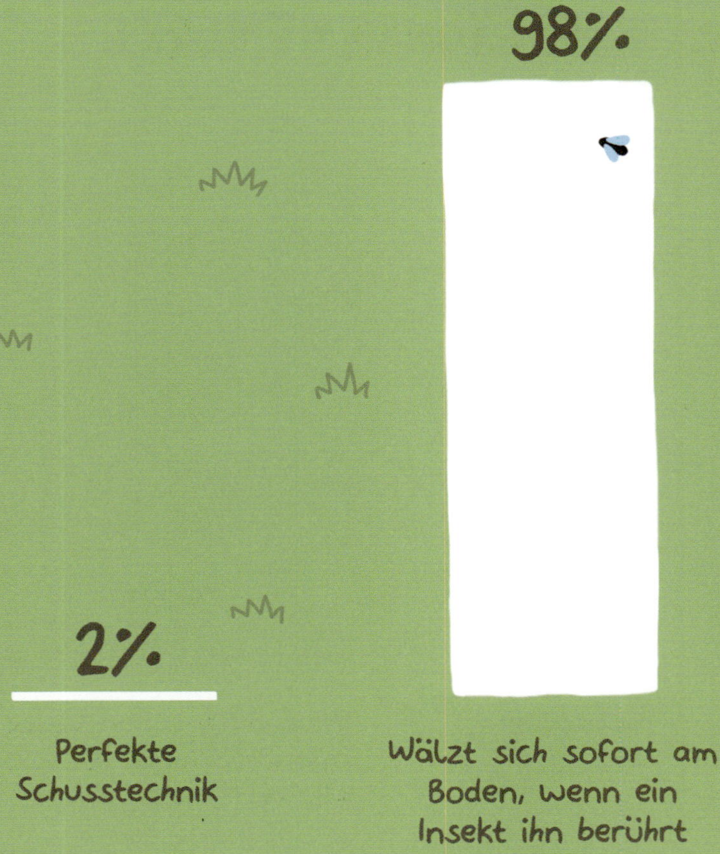

WAS MAN IN DER PUBERTÄT MACHT

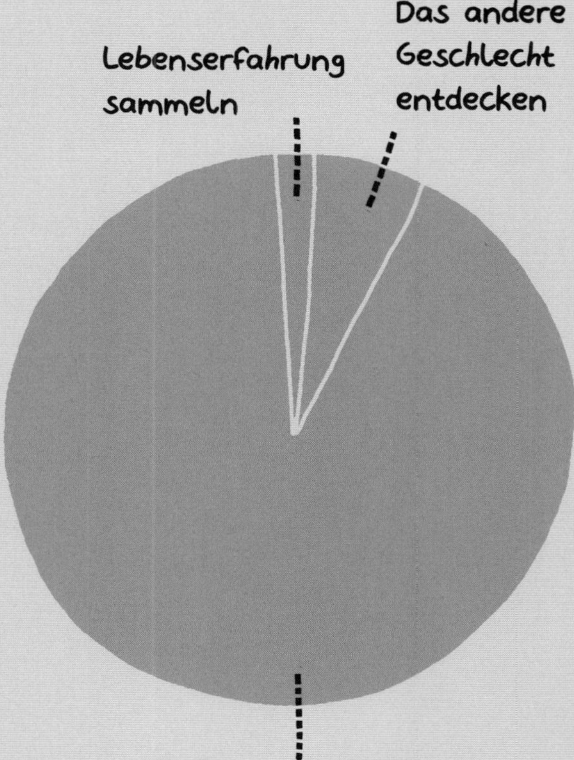

DIE GRÖSSTE GEFAHR BEIM RAUCHEN

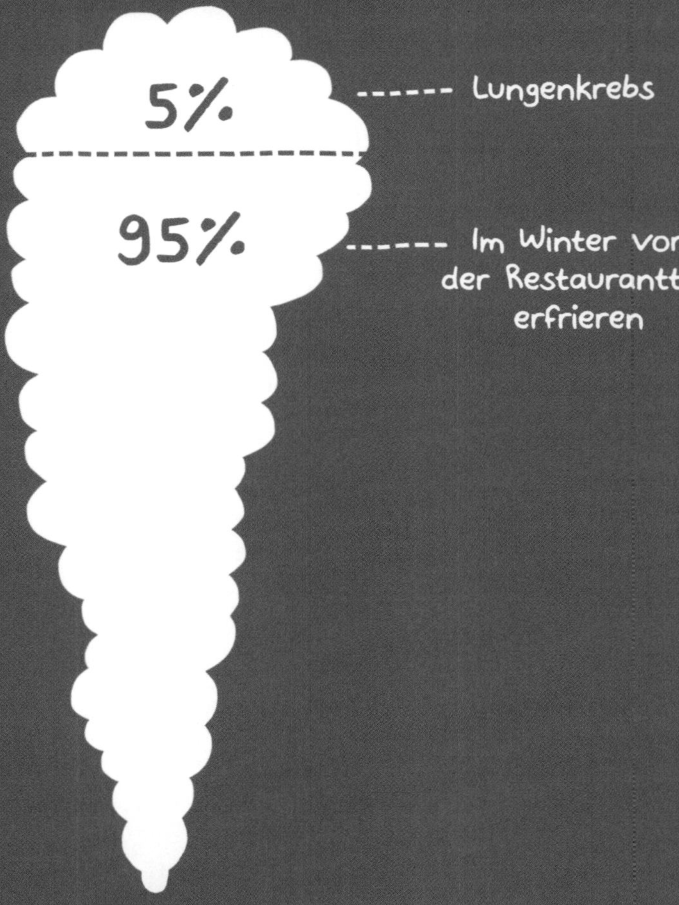

WELCHE FRAGEN SIRI AM HÄUFIGSTEN GESTELLT WERDEN

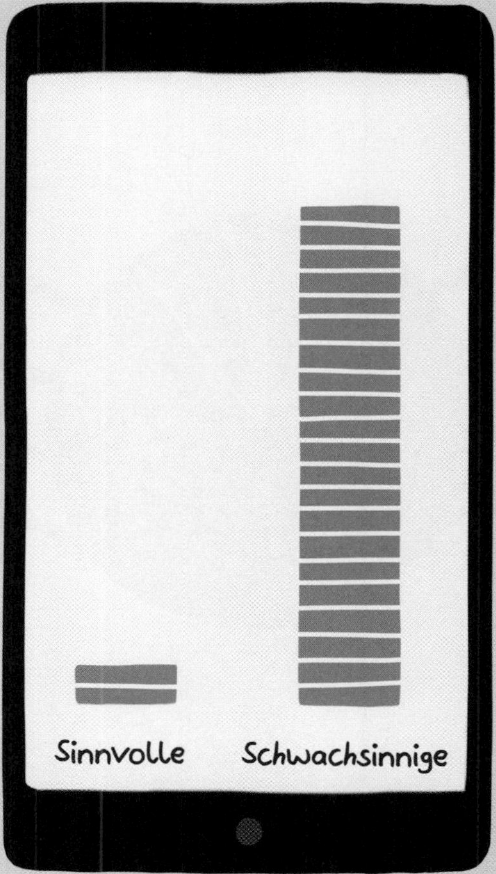

WAS WIR MACHEN, WENN WIR EINE SPINNE IN DER WOHNUNG SEHEN

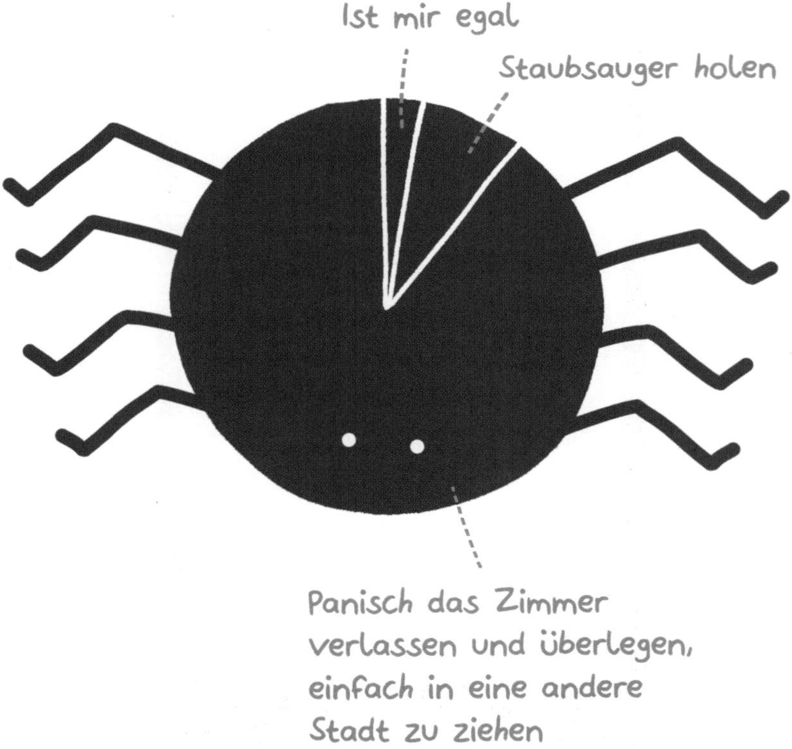

WAS ICH MACHE, WENN ICH ZU BETT GEHE

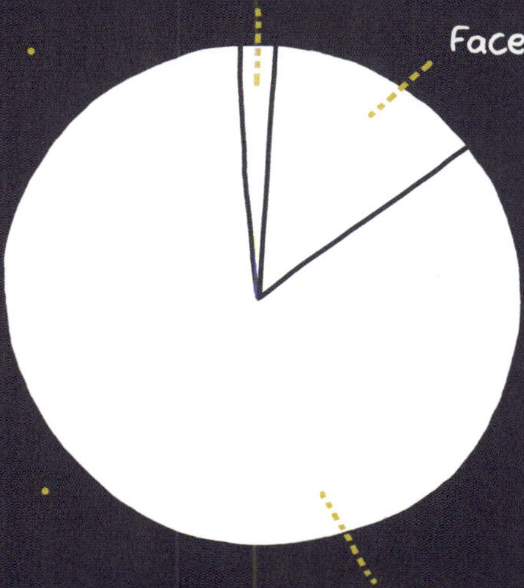

WER T-SHIRTS MIT LUSTIGEN SPRÜCHEN LUSTIG FINDET

Passanten

0%

WENN ICH MEINEN TEE TRINKEN MÖCHTE

Hab vergessen den Timer zu stellen, und jetzt ist kaltes Kräuterwasser in meiner Tasse

WER SICH UNSICHTBAR MACHEN KANN

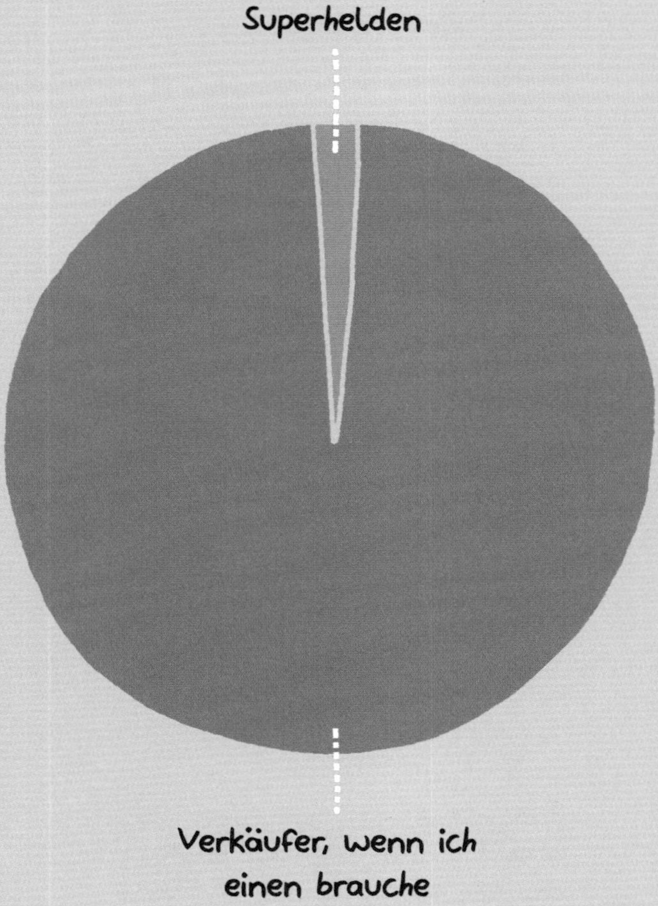

WAS WIR MACHEN, WENN WIR AUF DEM KLO SITZEN

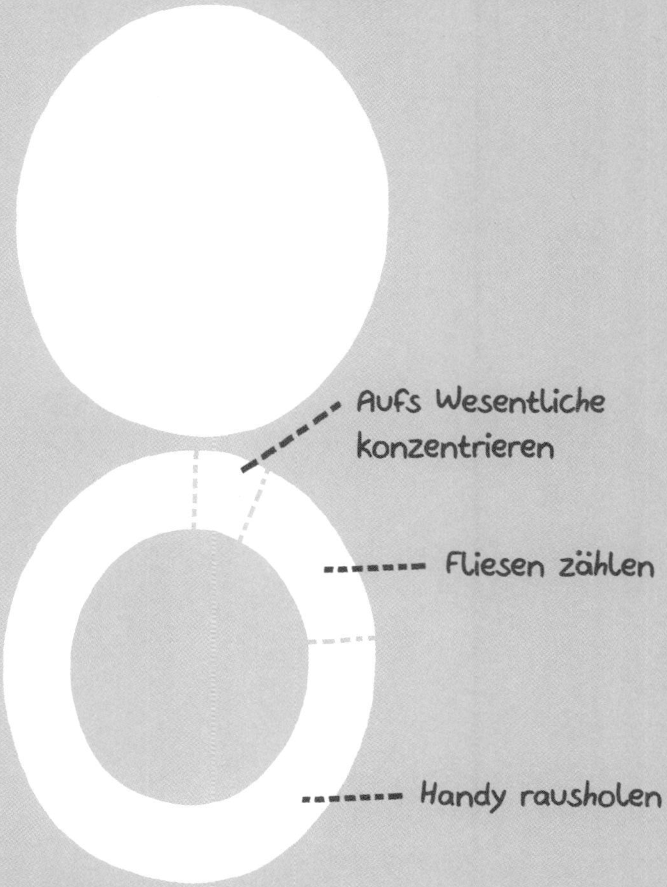

WAS ICH DENKE, WENN WERBUNG FÜR DIE NÄCHSTE TOUR DE FRANCE GEMACHT WIRD

WOZU WERBEPROSPEKTE VERTEILT WERDEN

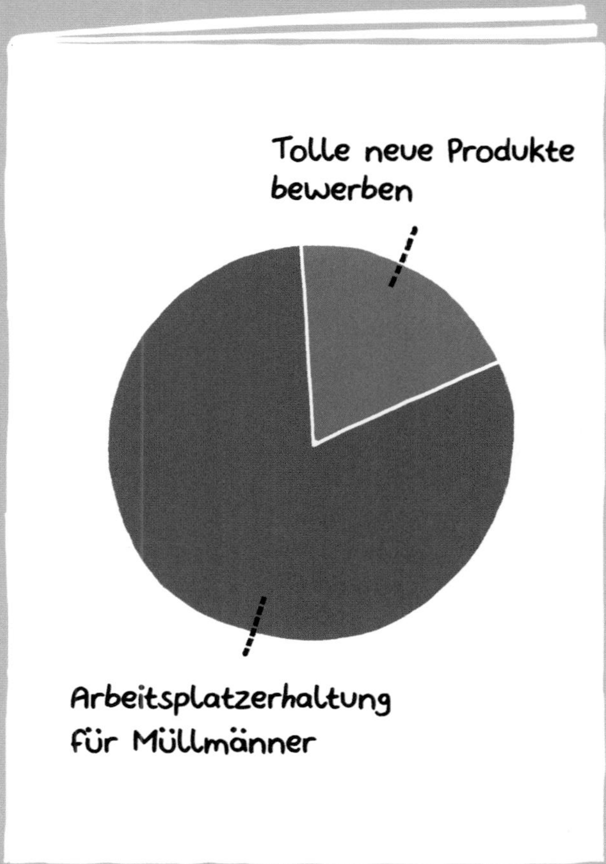

WOZU YOUTUBE EIGENTLICH GENUTZT WIRD

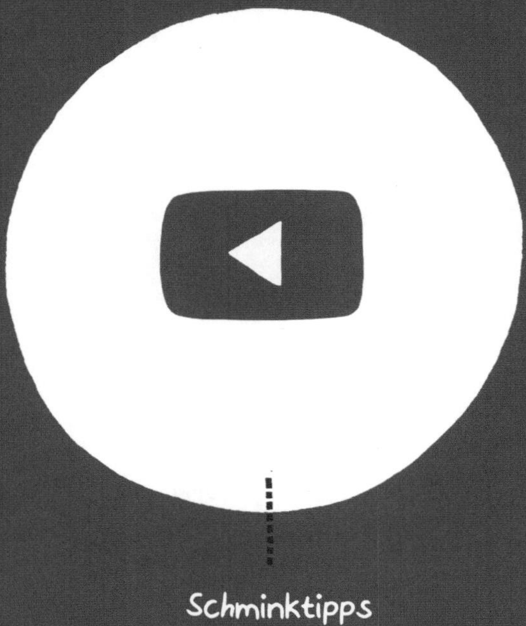

WOZU TWITTER EIGENTLICH GENUTZT WIRD

WAS ICH DENKE, WENN AUF MEINEM COMPUTER DER HINWEIS „UPDATE VERFÜGBAR" ERSCHEINT

WAS MEINE FAMILIE UNTER „DIESES JAHR SCHENKEN WIR UNS MAL NICHTS ZU WEIHNACHTEN" VERSTEHT

WORAUF ICH MICH AN WEIHNACHTEN AM MEISTEN FREUE

WORAUF ICH MICH AN WEIHNACHTEN AM MEISTEN FREUE – TEIL 2

WELCHE BESINNLICHEN FILME ÜBER WEIHNACHTEN ZU 100% IM FERNSEHEN LAUFEN

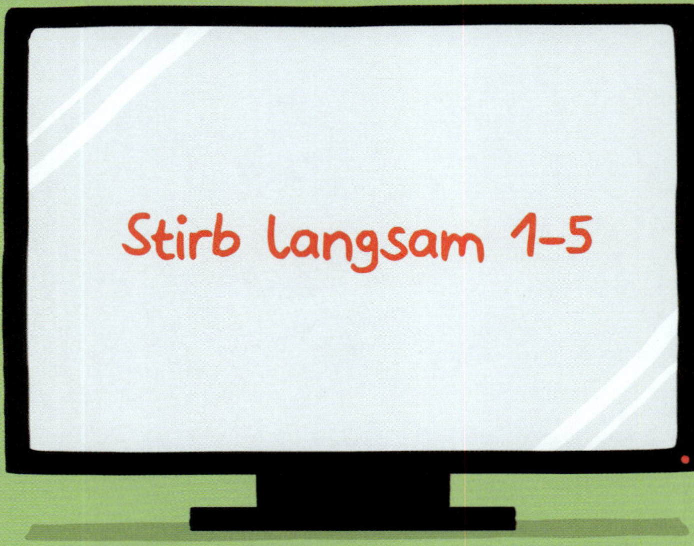

WAS ICH MACHE, WENN ICH AUFGEFORDERT WERDE, DIE AGBs ZU LESEN

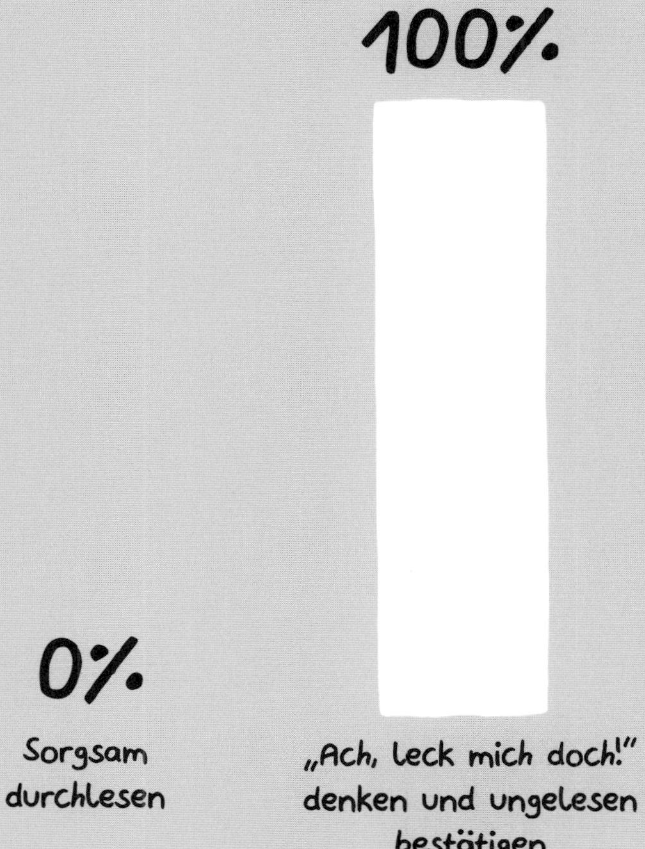

KAPITEL 5

LIEBE & PARTNERSCHAFT

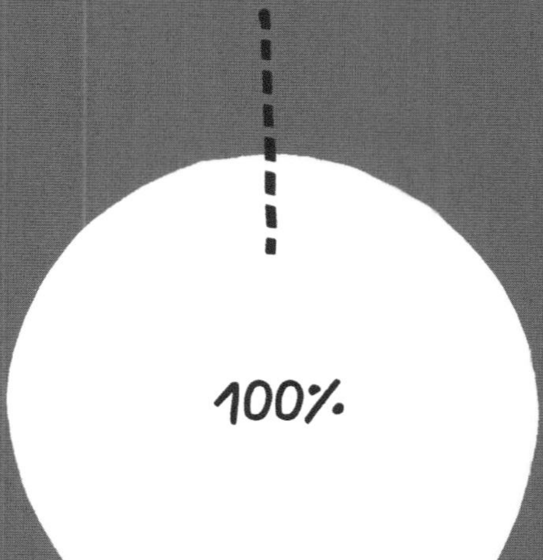

DIE WICHTIGSTEN ZIELE EINES MANNES …

… VOR DER EHE

- Sympathisch wirken
- Gut aussehen
- Die Frau verwöhnen
- Hilfsbereit sein
- Gebildet auftreten

… WÄHREND DER EHE

- Nicht laut pupsen

muss reichen

WAS MÄNNER AUF DIE FRAGE „SIND SIE DER CHEF IM HAUS?" ANTWORTEN

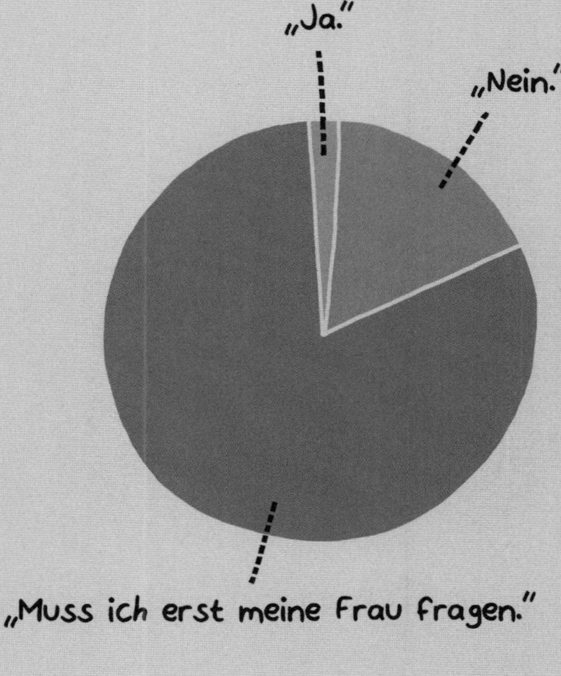

WO MAN VERMUTLICH IRGENDWANN DAS LANG VERSCHOLLENE BERNSTEINZIMMER FINDET

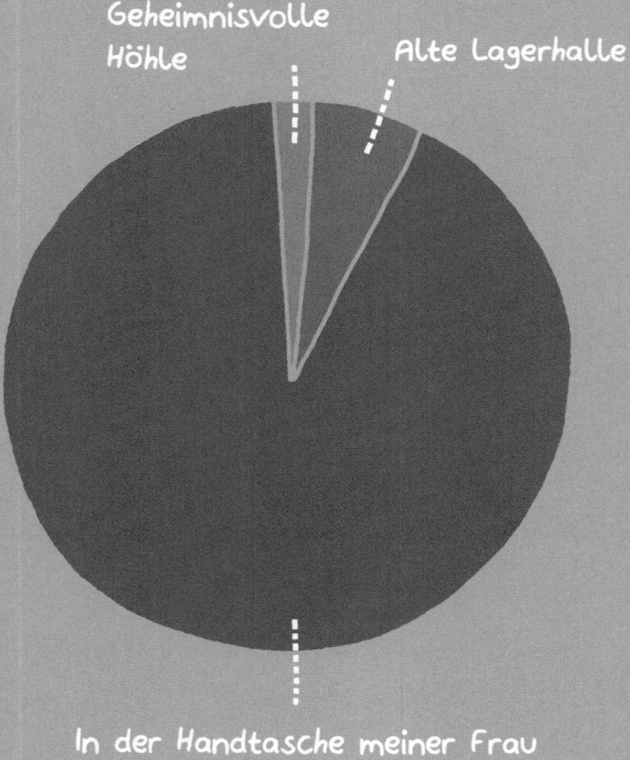

HÄUFIGSTE URSACHE FÜR STREIT IN DER BEZIEHUNG

IMMER MEHR EHEN WERDEN GESCHLOSSEN ZWISCHEN

WARUM MÄNNER DAS ALPHABET LERNEN

AUF WELCHE SÄTZE FRAUEN BEIM ERSTEN DATE HOFFEN	AUF WELCHE SÄTZE MÄNNER BEIM ERSTEN DATE HOFFEN
• „Du siehst toll aus!"	• „Zu dir oder zu mir?"
• „Du bist sympathisch!"	• „Zu dir oder zu mir?"
• „Du bist klug!"	• „Zu dir oder zu mir?"

FRAUEN

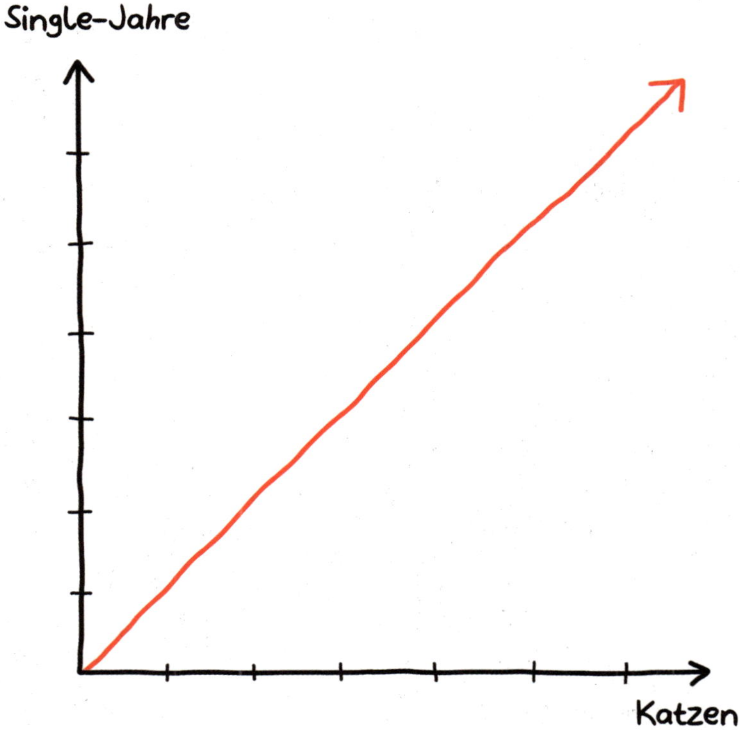

FRAUEN

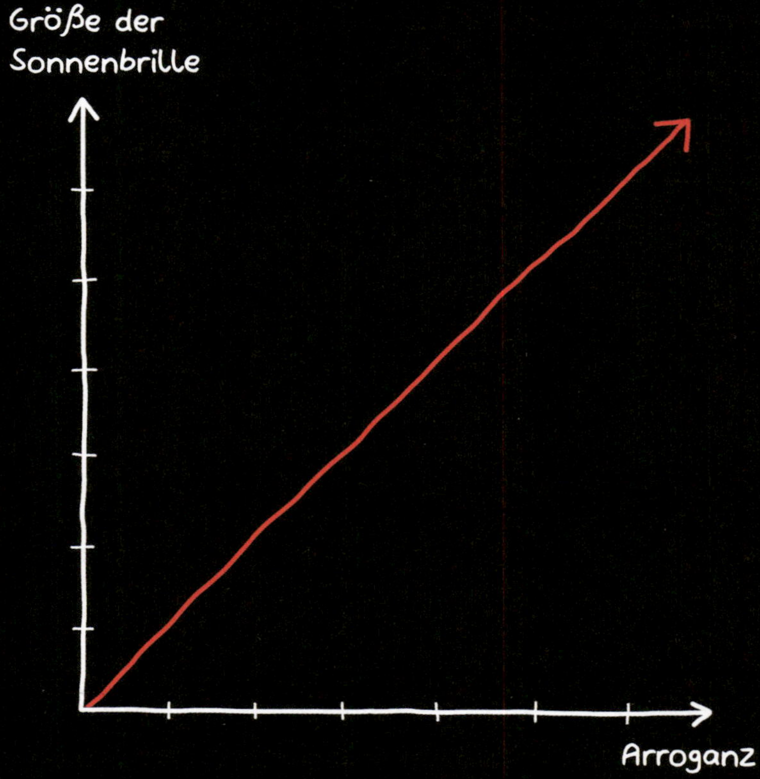

WAS ICH DENKE, WENN ICH EINE OPULENTE GEBURTSTAGS-KARTE GESCHICKT BEKOMME

WANN BEI MÄNNERN DER NATÜRLICHE FLUCHTREFLEX AUSGELÖST WIRD

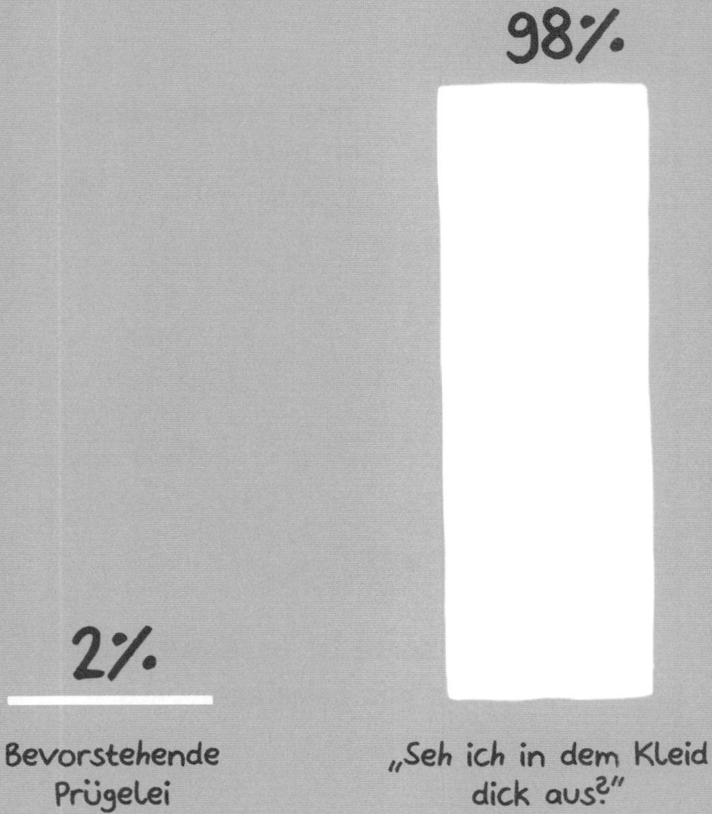

WOVON MÄNNER MORGENS GEWECKT WERDEN

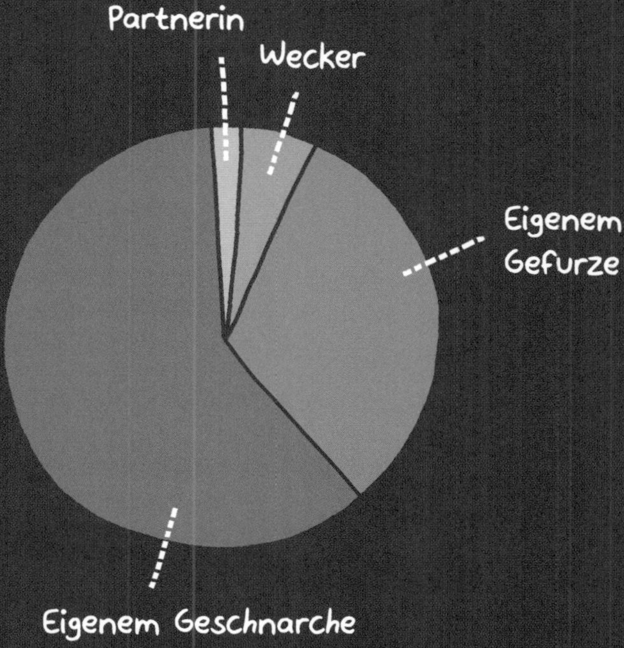

LOGIK VON FRAUENZEITSCHRIFTEN

50%

Du bist toll, wie du bist!

50%

So nimmst du 10 Kilo in einem Monat ab!

GUTER SEX IST, WENN ...

Platz 3: ... der Mann nach dem Sex eine raucht.

Platz 2: ... die Frau nach dem Sex eine raucht.

Platz 1: ... sogar die Nachbarn danach eine rauchen müssen.

WANN FRAUEN EMOTIONEN ZEIGEN	WANN MÄNNER EMOTIONEN ZEIGEN
• Heiratsantrag	• Wenn ihr Fussballverein gewinnt
• Hochzeit	
• Überraschungsparty	
• Wenn der Mann Geschenke mitbringt	
• Romantischer Film	

DER GRÖSSTE WUNSCH IM LEBEN EINER FRAU

DIE GRÖSSTE LÜGE IN DER GESCHICHTE DER FRAU

WAS SADOMASO-FANS AN HEILIGABEND DENKEN

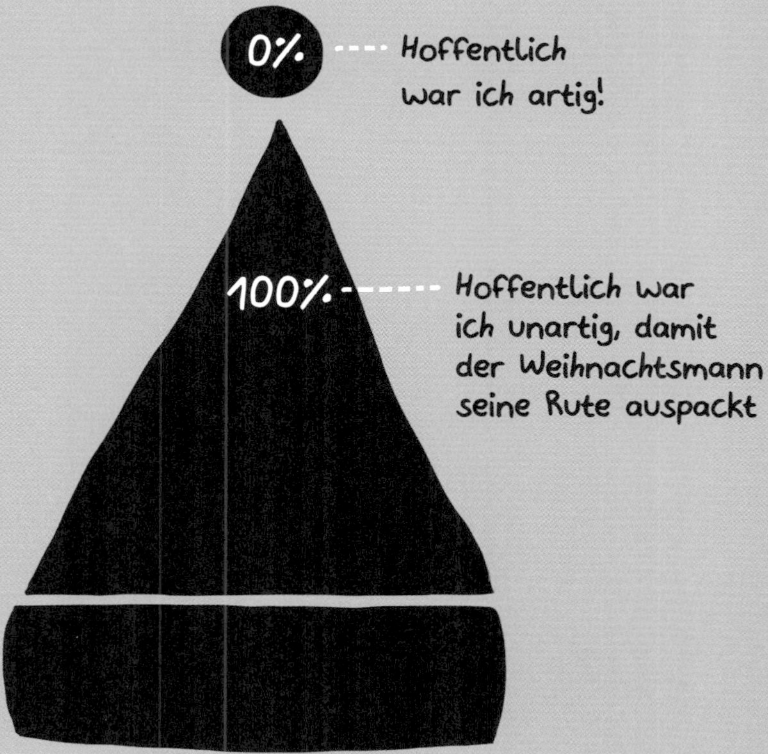

WIE FRAUEN DIE WAHRSCHEINLICHKEIT STEIGERN, EINMAL MIT IHREM PARTNER GEMÜTLICH IM BETT ZU FRÜHSTÜCKEN

DAS WICHTIGSTE KRITERIUM FÜR EINE ZEITGEMÄSSE SEXPOSITION

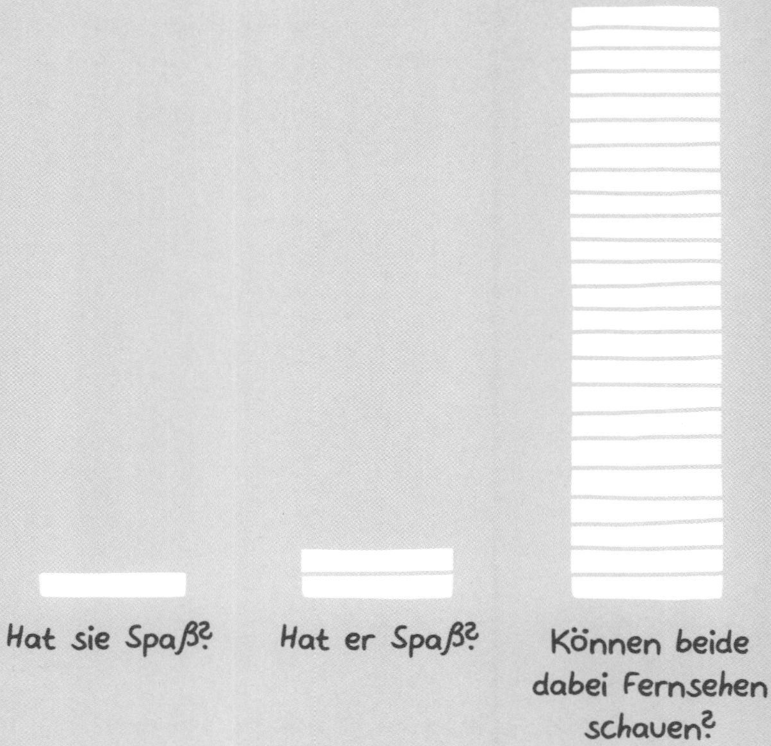

WAS EINE FRAU DENKT, WENN IHR MANN SIE MIT DEM SATZ „HEUTE HAB ICH MAL GEKOCHT, SCHATZ!" ÜBERRASCHT

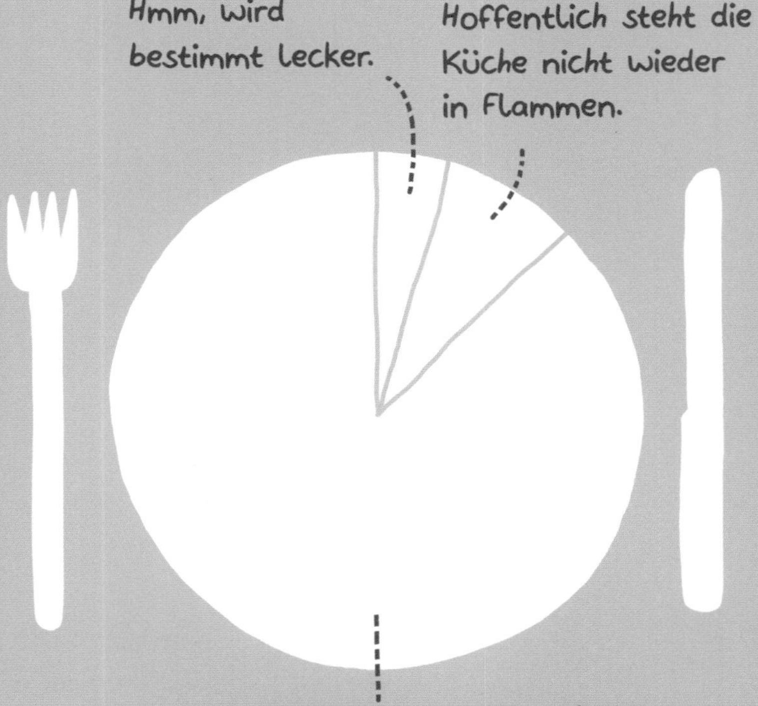

WIE FRAUEN DIE LIEBE SEHEN

WIE MÄNNER DIE LIEBE SEHEN

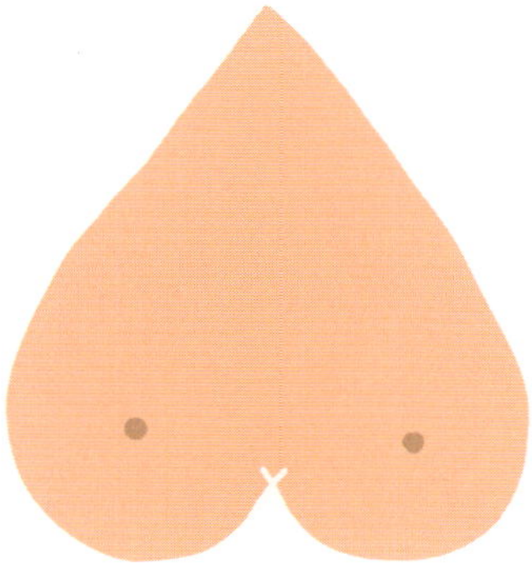

WIE MÄNNER PAARUNGSBEREITSCHAFT SIGNALISIEREN

99,9%

„Schatz, ich hab geduscht!"

WAS ICH DACHTE, ALS ICH ALS KIND ZUM ERSTEN MAL EINE PACKUNG KONDOME IM SUPERMARKT GESEHEN HABE

100%

Erwachsene spielen
auch mit Luftballons?

WORAN FRAUEN ERKENNEN, DASS IHR MANN BETRUNKEN IST

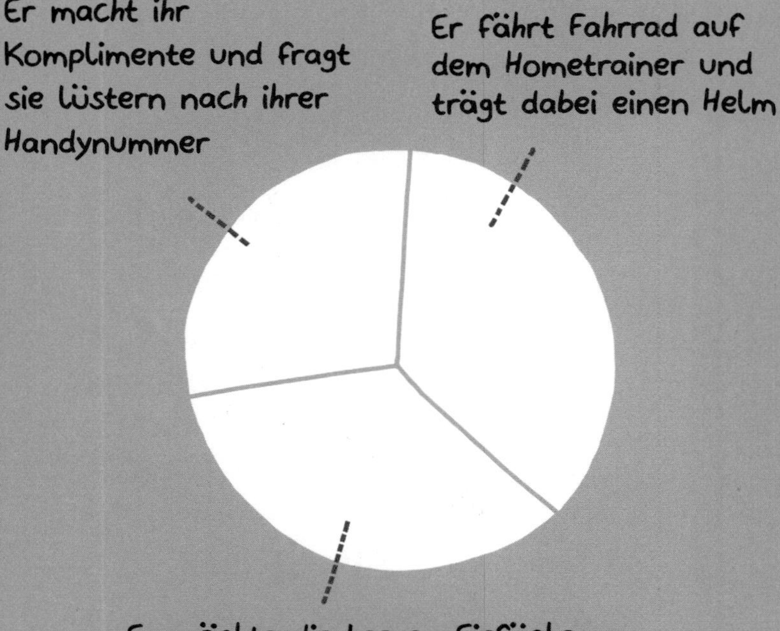

WAS MÄNNER VOR DEM TRAUALTAR DENKEN

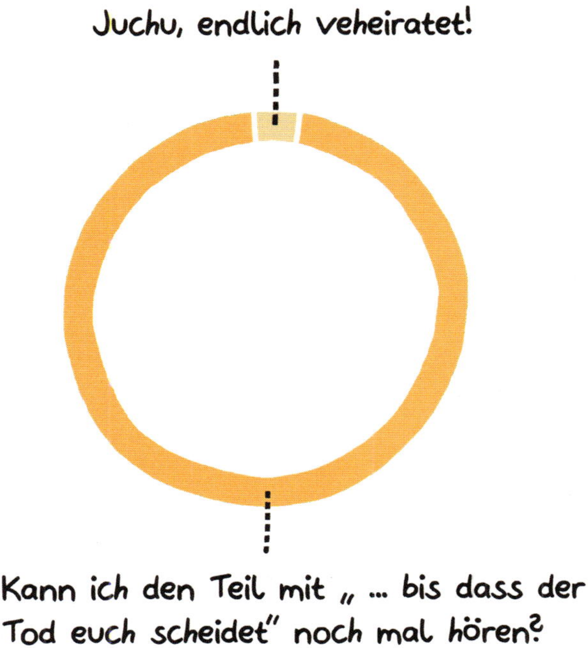

MÄNNER

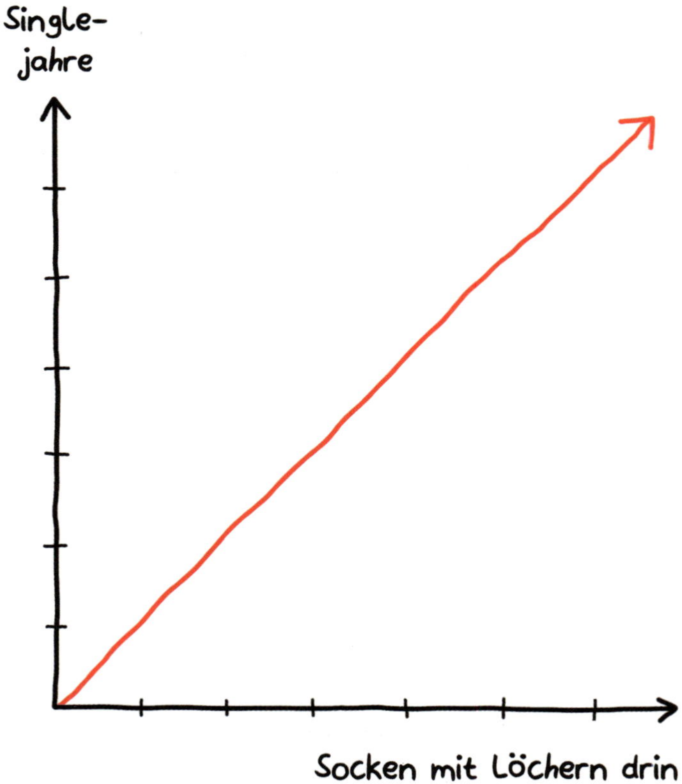

DAS SICHERSTE VERHÜTUNGSMITTEL

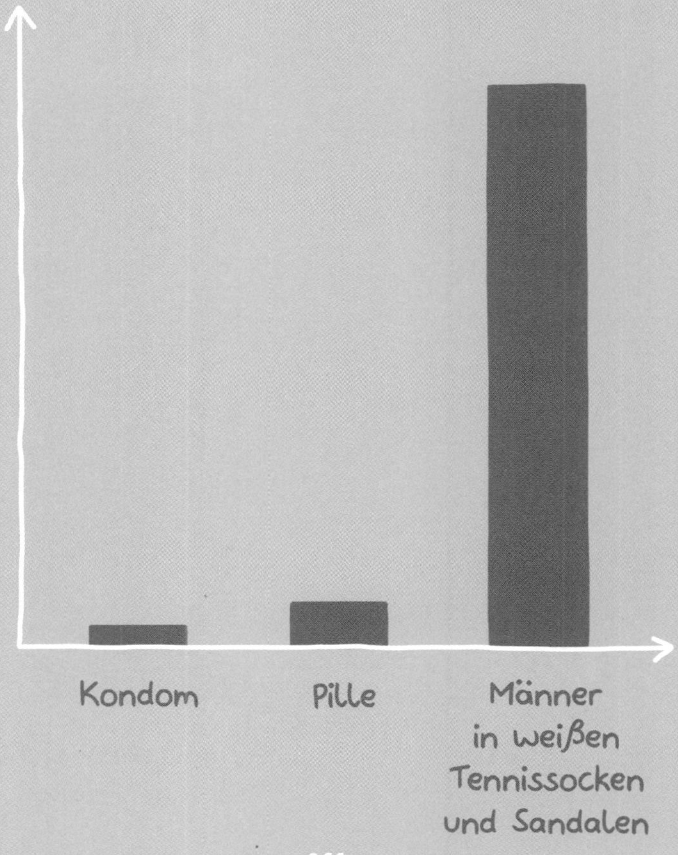

WAS FRAUEN DENKEN, WENN MÄNNER EINE EXTREME PARFÜMFAHNE HABEN

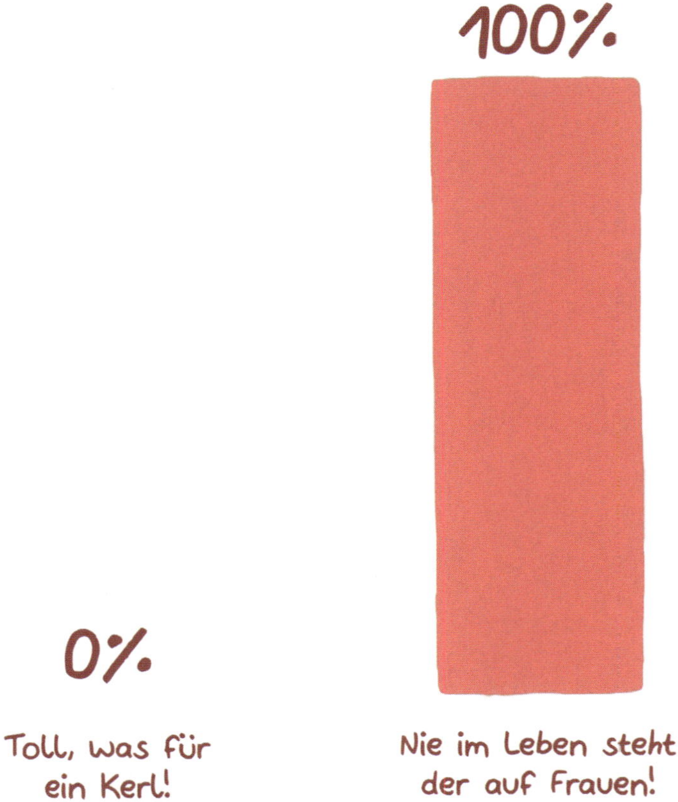

WAS 9 VON 10 FRAUEN IHREN MÄNNERN AUF DIE FRAGE „WO STEHT MEIN ESSEN?" GERN ANTWORTEN WÜRDEN

KAPITEL 6

MOBILITÄT

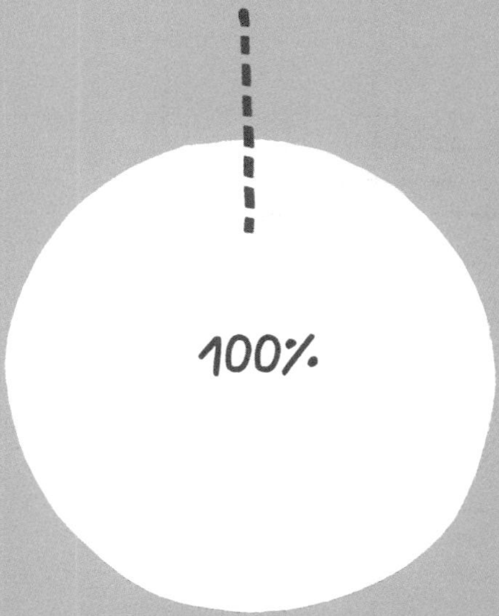

WAS MENSCHEN DENKEN, DIE AN DER HECKSCHEIBE DES VORAUSFAHRENDEN FAHRZEUGS AUFKLEBER WIE „KEVIN AN BORD" SEHEN

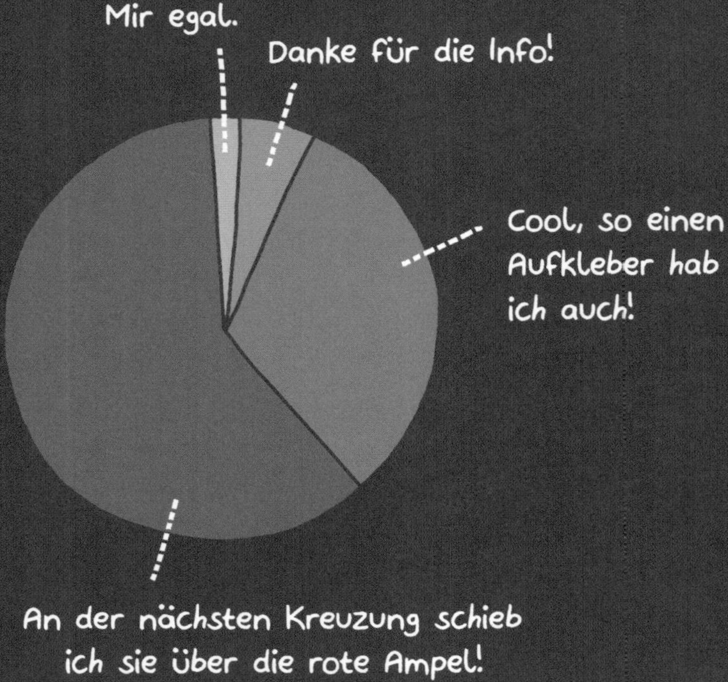

WENN ICH MIT 200 KM/H AUF DER LINKEN SPUR EINER DEUTSCHEN AUTOBAHN UNTERWEGS BIN

WENN ICH MICH MIT MEINEM AUTO EINER AMPEL NÄHERE

99,9%

Springt auf Rot, sodass ich voll abbremsen muss oder Gas geben und riskieren, geblitzt zu werden

WAS WIR DENKEN, WENN DER FLUGZEUGKAPITÄN EINE DURCHSAGE MACHEN WILL

WIE AUTOFAHRER IHRE BLINKER BENUTZEN

1%
Um links anzutäuschen und rechts abzubiegen

5%
Vor dem Abbiegen

10%
Nach dem Abbiegen

84%
Gar nicht

WENN ICH IM FLUGZEUG SITZE

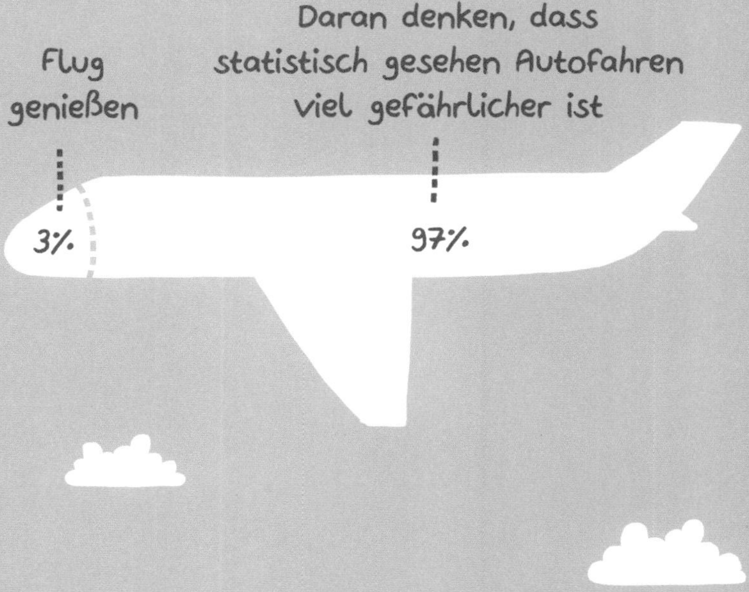

WAS WIR DENKEN, WENN WIR EIN FLUGZEUG AM HIMMEL SEHEN

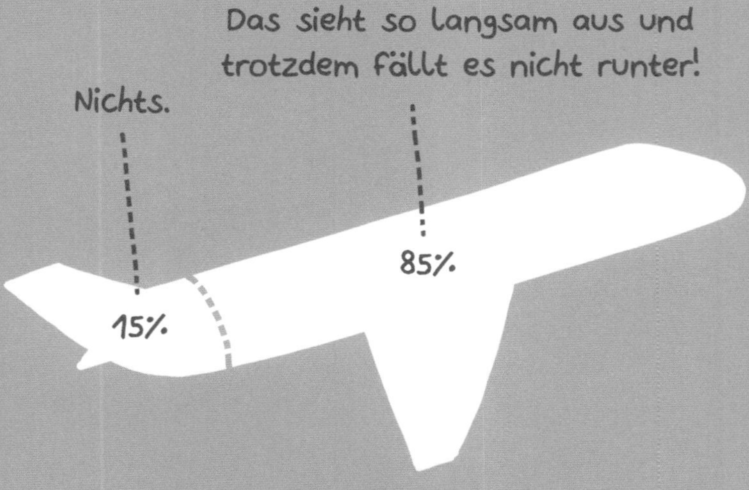

CO2-AUSSTOSS IN DEN 80ERN

VORAUSSETZUNG FÜR DEN KAUF EINES FERRARIS

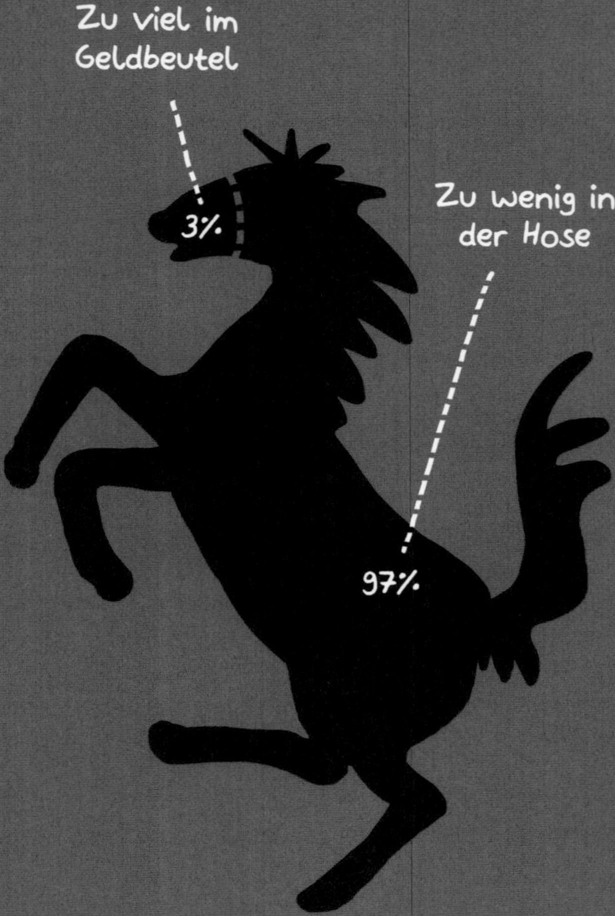

WAS ICH NACH MEINER ERSTEN PRAKTISCHEN FAHRSCHULSTUNDE DACHTE

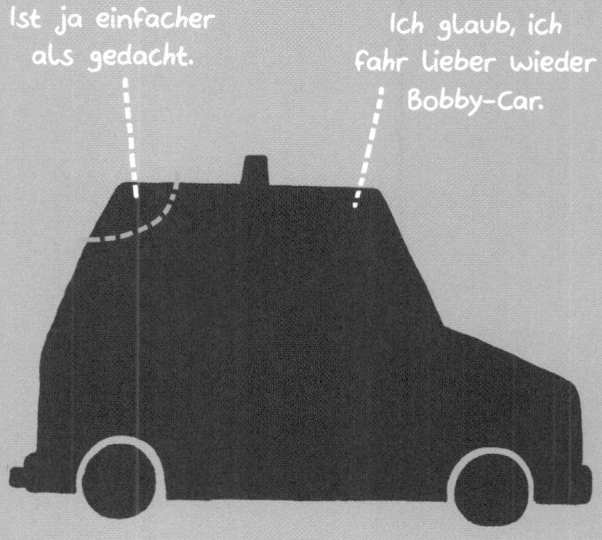

WORÜBER ICH MICH AM MEISTEN GEFREUT HABE

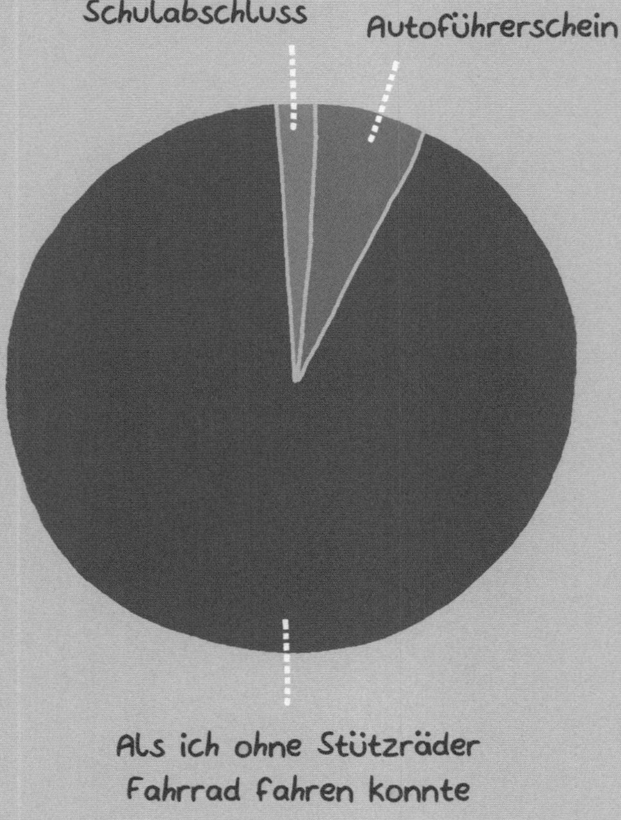

WANN ICH SOFORT GRENZWERTIGEN BLUTHOCHDRUCK BEKOMME

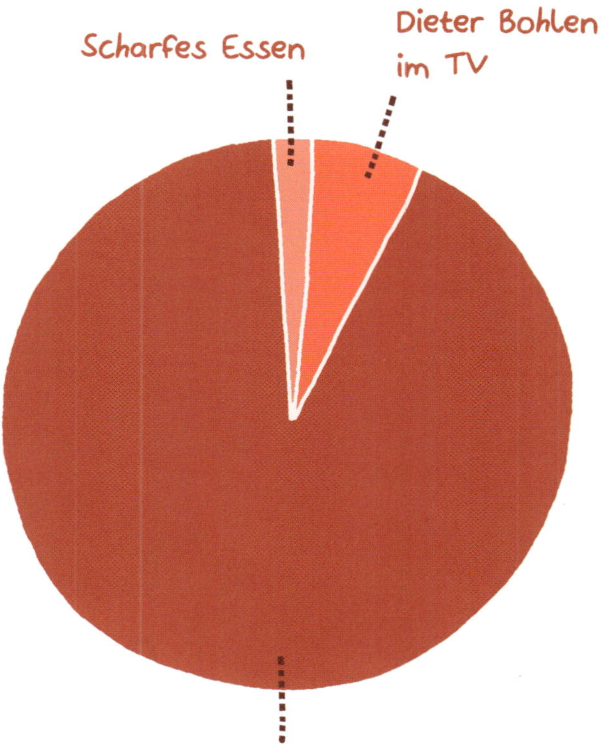

WOZU MENSCHEN DIE HUPE BENUTZEN

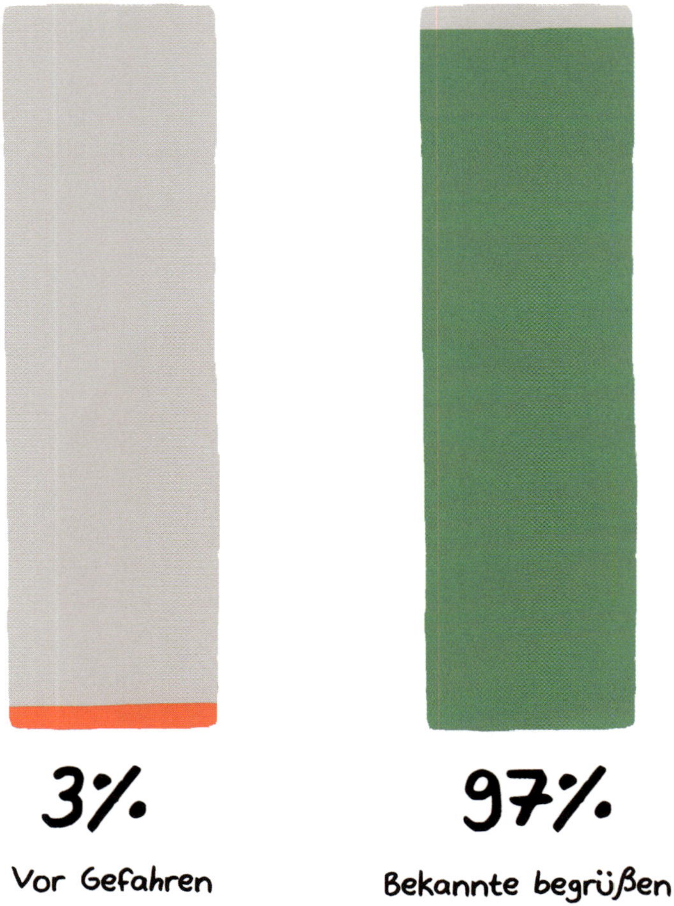

WAS MENSCHEN MACHEN, WENN SIE EINEN AUTOUNFALL SEHEN

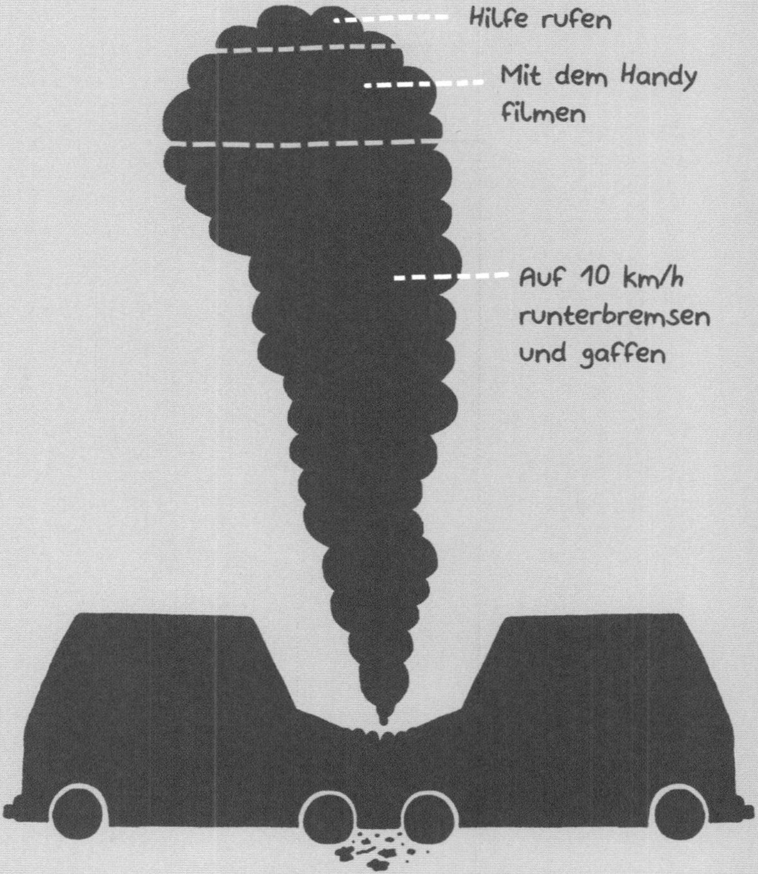

WANN ICH KOMPLETT DURCHGESCHWITZT BIN

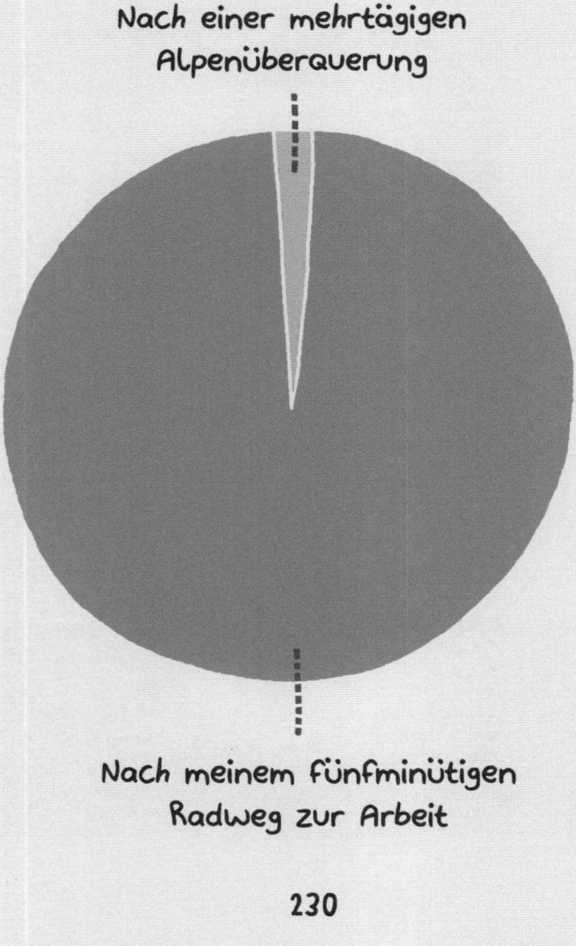

WO ICH NEUE SCHIMPFWÖRTER LERNE

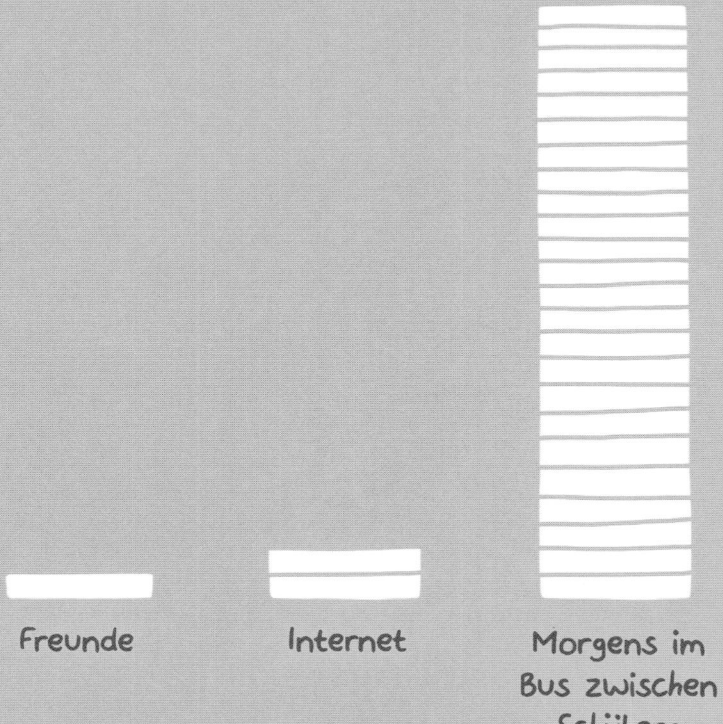

WAS ERWACHSENE SEHEN

WAS KINDER SEHEN

DAS LAUTESTE, WAS ICH JE GEHÖRT HABE

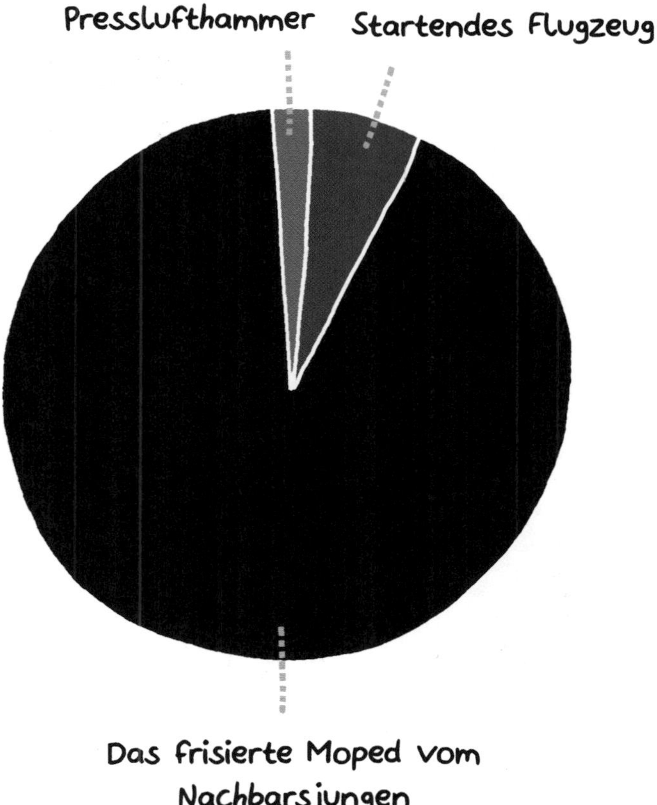

LIEBLINGSMUSIK VON JUGENDLICHEN, DIE IM BUS MIT KOPFHÖRERN NEBEN EINEM SITZEN

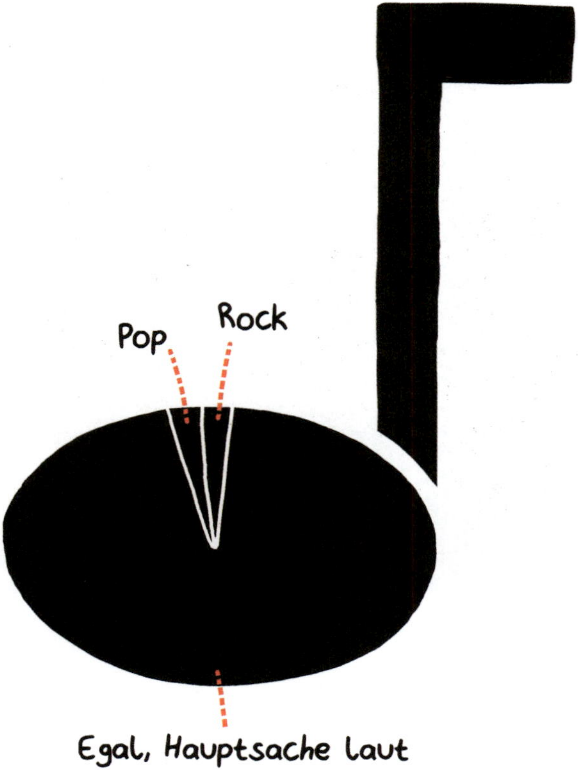

WAS DAS BESTE AM SMART IST

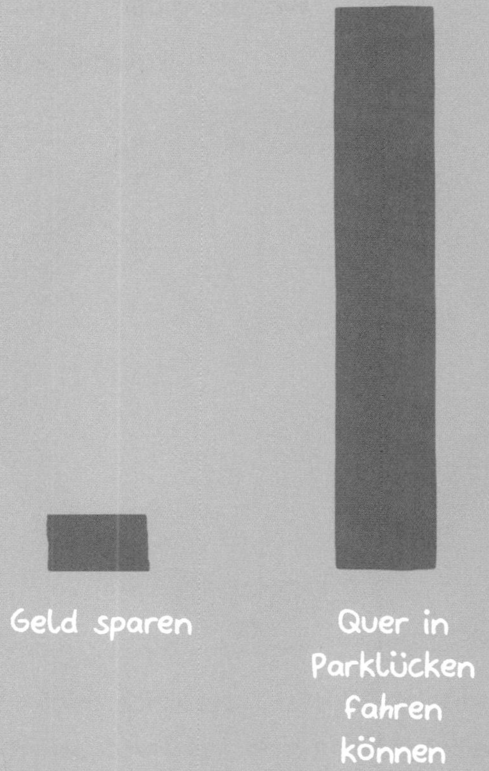

WAS MICH DARAN ERINNERT, VORSICHTIG ZU FAHREN UND MICH ANS TEMPOLIMIT ZU HALTEN

WOZU FAHRRADHELME ERFUNDEN WURDEN

LIEBLINGSSATZ DES AUTOMECHANIKERS, WENN ER UNTER MEINEM AUTO LIEGT

0%

Alles bestens, kostet nichts!

100%

Oje – ich hoffe, Sie können bar zahlen!

WAS WIR MACHEN, WENN WIR VON EINER RADARFALLE GEBLITZT WURDEN

WAS WIR BEI 40° MACHEN

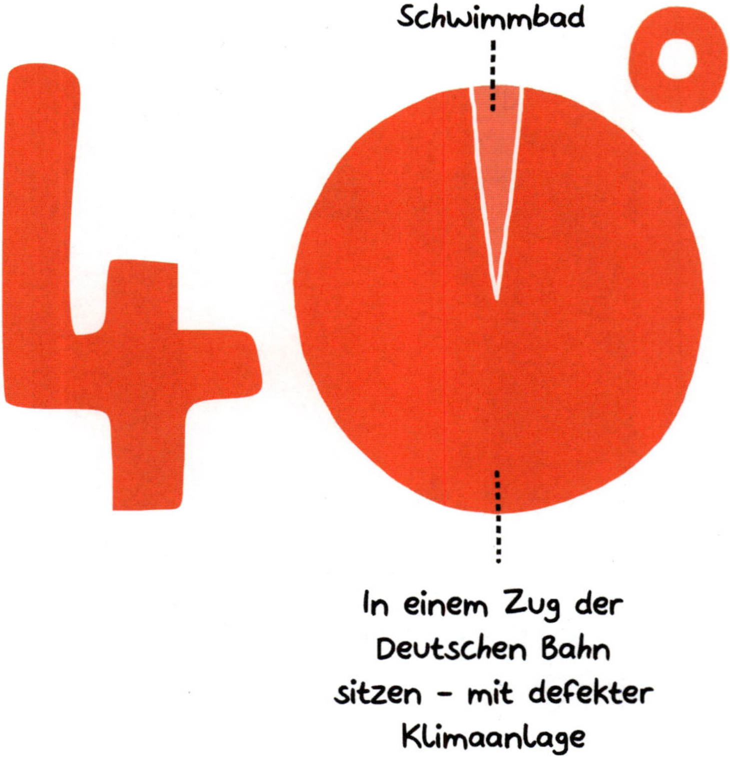

WER JEDES JAHR AUFS NEUE DAVON ÜBERRASCHT WIRD, DASS ES IM WINTER SCHNEIEN KANN

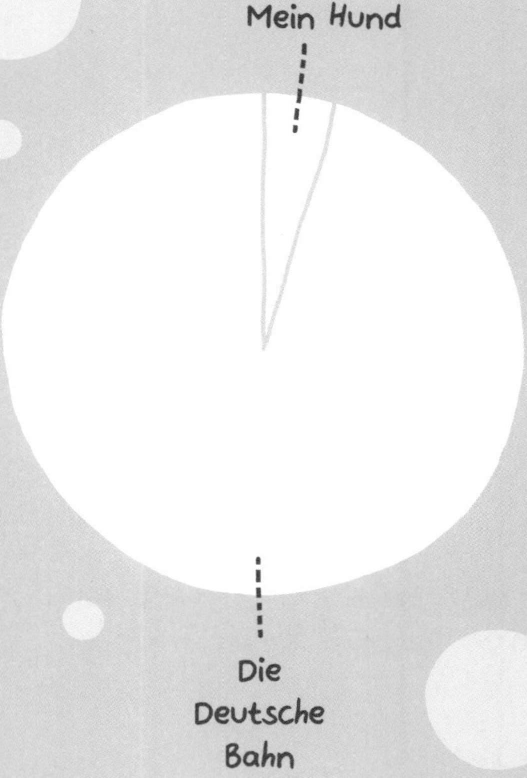

WAS ICH DENKE, WENN ICH AUS DEM FLUGZEUG AUF WOLKEN SCHAUE

Lasst mich raus, ich will auf den Wattebällchen rumhüpfen!

WOZU WIR GELÄNDEWAGEN KAUFEN

8%

Offroad fahren

92%

Innenstädte verstopfen

WO ICH DEN GROSSTEIL MEINES LEBENS VERBRACHT HABE

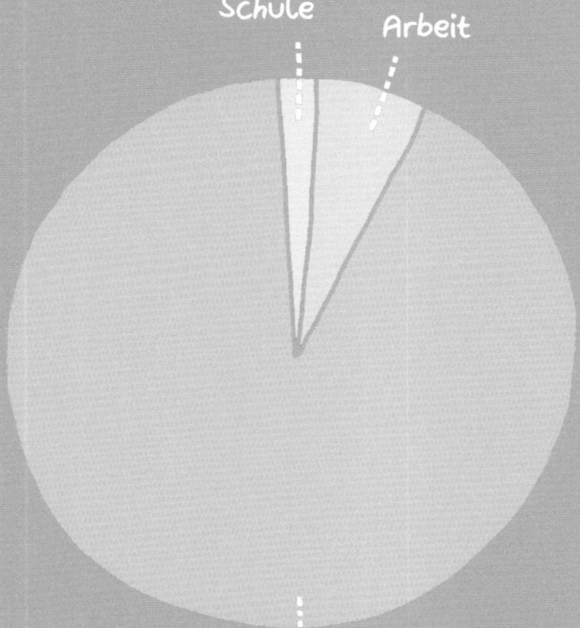

WENN ICH AUS DER AUTOWASCHSTRASSE FAHRE, FÜHLE ICH MICH …

WAS ICH MIR DURCH DIE NEUEN ELEKTROAUTOS ERHOFFE

Mehr Umweltschutz

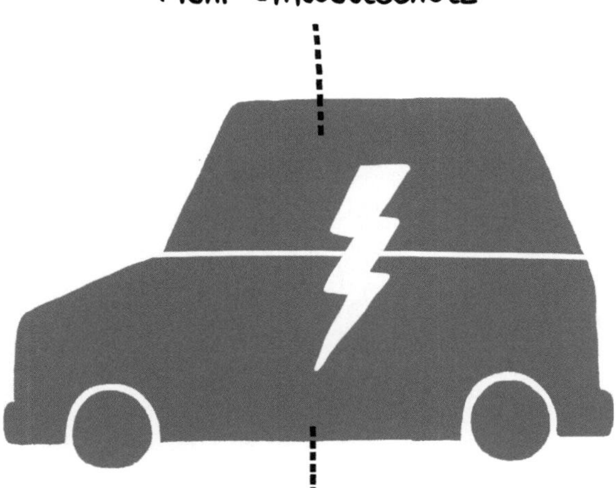

Dass Raser und Falschparker automatisch einen Stromschlag bekommen

WAS ICH MICH MANCHMAL AUF PARKPLÄTZEN FRAGE

100%

War „schlecht Parken"
eigentlich damals Voraussetzung,
um die Führerscheinprüfung
zu bestehen?

KAPITEL 7

URLAUB

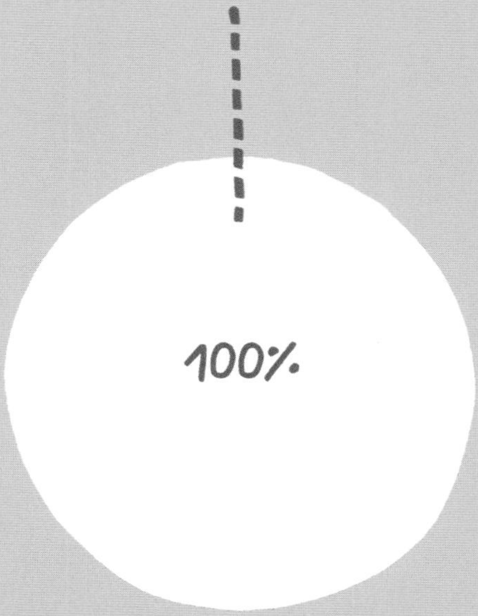

WO ALL-INCLUSIVE-TOURISTEN AM LIEBSTEN IHRE ZEIT VERBRINGEN

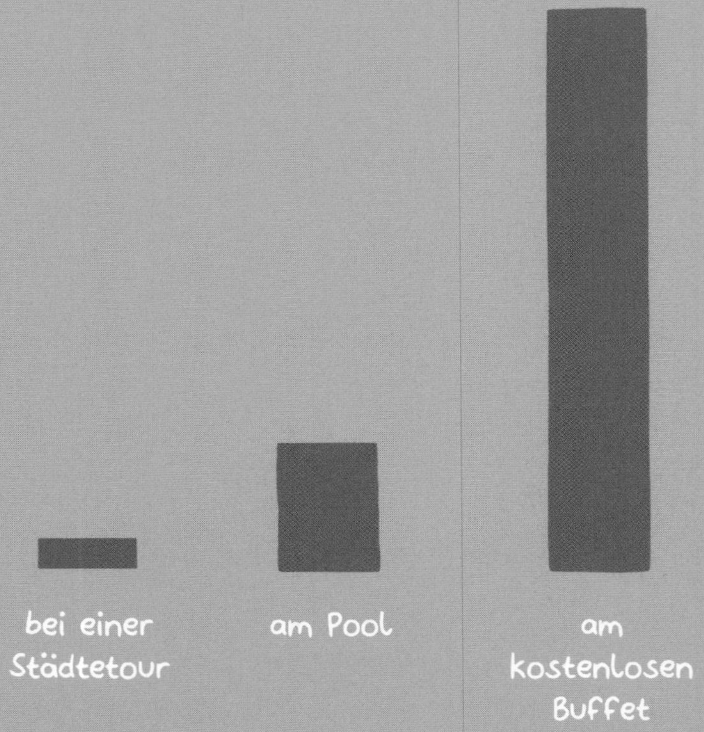

MEIN KÖRPER

WAS „ZIMMER MIT MEERBLICK" BEDEUTET

WARUM MENSCHEN AUF MALLORCA URLAUB MACHEN

9%

Schönes Wetter

91%

Einmal im Leben
Alkohol aus einem
Eimer trinken

DAS WICHTIGSTE FÜR DIE MEISTEN HOTELGÄSTE

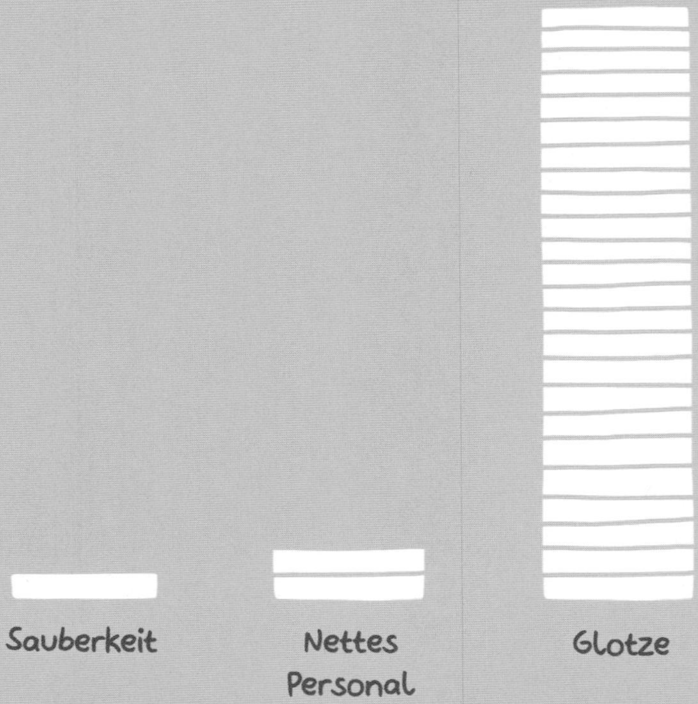

PERFEKTES SCHWIMMBADWETTER

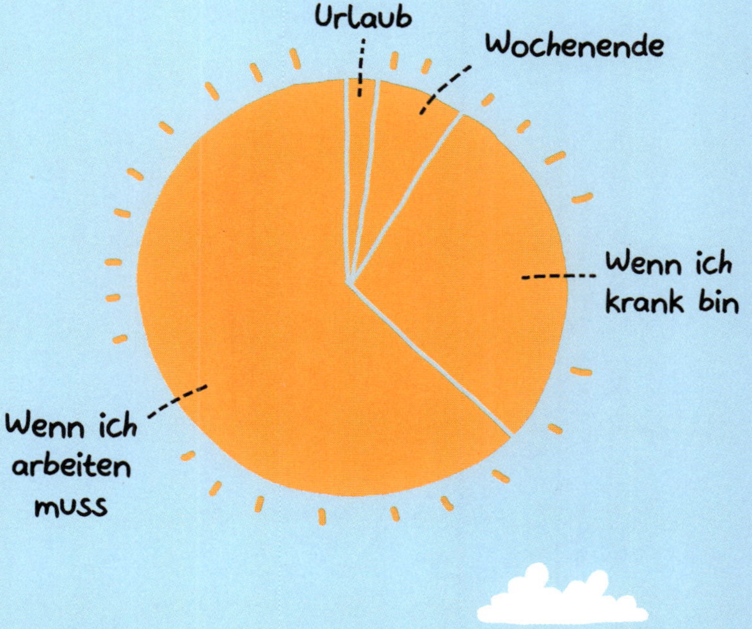

WOMIT ICH WÄHREND DER AUTOFAHRT IN DEN URLAUB JEDES JAHR EIN VERMÖGEN VERDIENE

WOZU DAS HANDTUCH ERFUNDEN WURDE

WENN ICH MEINE KOFFER FÜR DEN URLAUB PACKE

0%

Ich packe nur so viel ein, wie ich auch wirklich für 2 Wochen brauche

100%

Die Nachbarn fragen schon, ob ich ausziehe

WAS MENSCHEN AUF DIE FRAGE „WO MACHST DU URLAUB?" ANTWORTEN, WENN SIE ZU HAUSE BLEIBEN

99,9%

„Balkonien!"

WAS ICH DENKE, WENN ICH BEIM BADEN IN DER NORDSEE WASSER SCHLUCKE

WAS ICH MIR IN DER FREIEN ZEIT ALLES VORNEHME

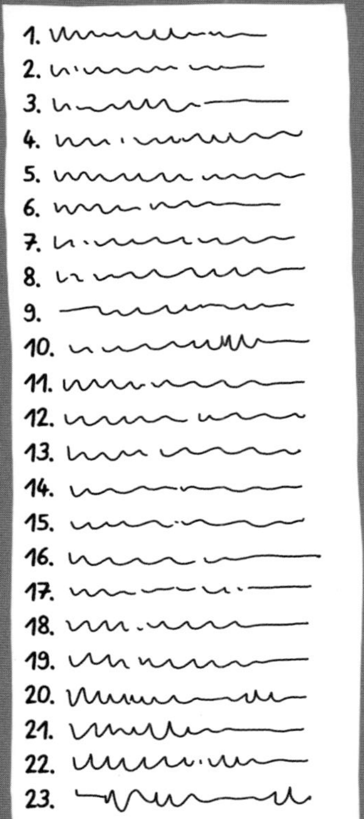

WAS ICH SCHAFFE

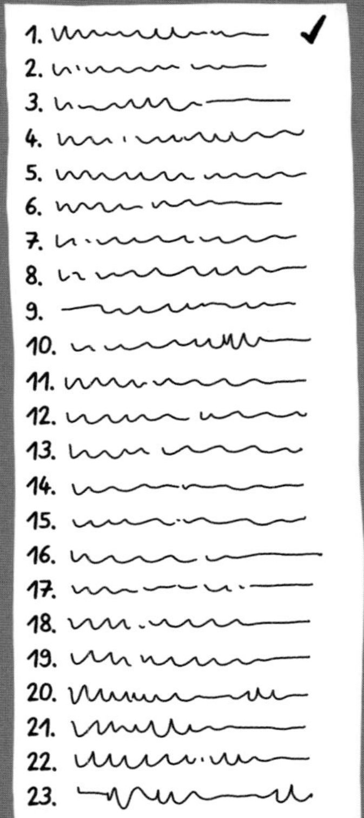

WAS MICH FRÜHER IN DEN SCHULFERIEN AM MEISTEN BESCHÄFTIGT HAT

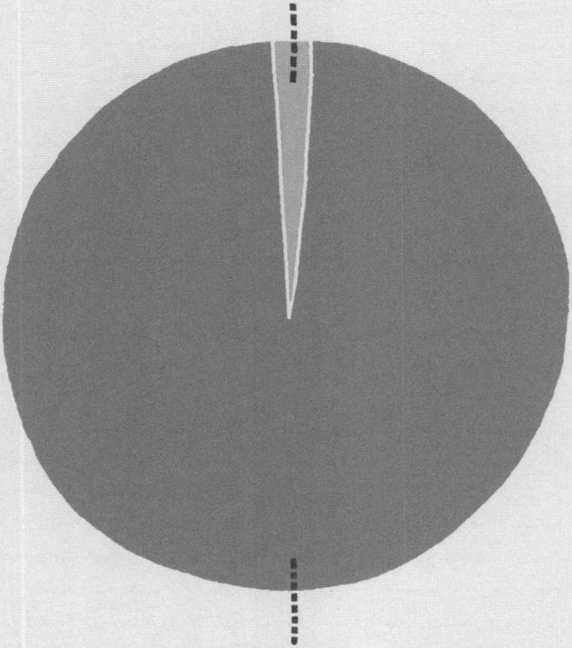

WOZU WIR EINE KAMERA MIT IN DEN URLAUB NEHMEN

Wenige, aber gute Fotos machen

Um sich später zu ärgern, dass man alles doppelt und dreifach fotografiert hat und nun wochenlang aussortieren muss

WOFÜR IM URLAUB DAS MEISTE GELD DRAUFGEHT

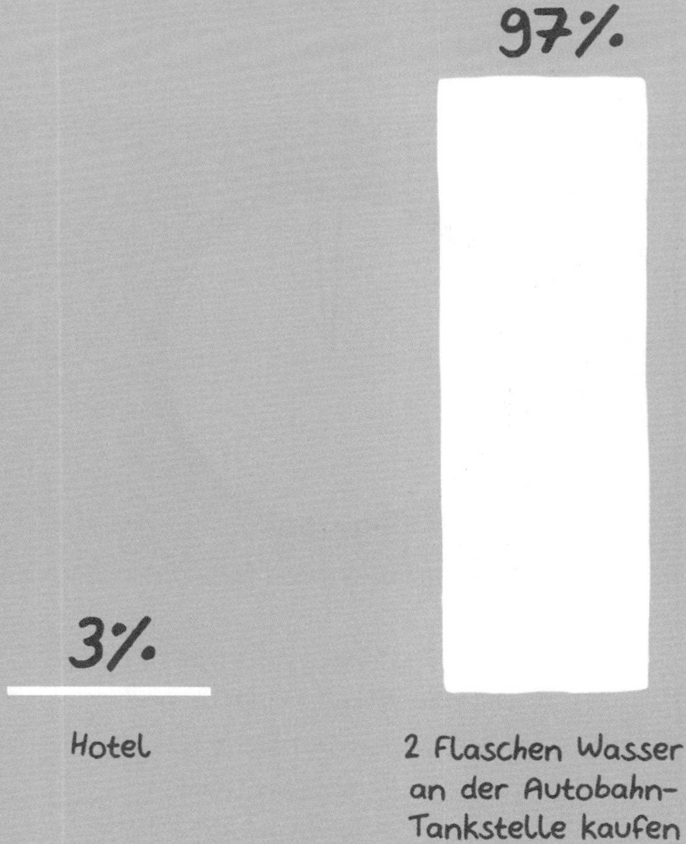

WO MENSCHEN IHRE BADEMÄNTEL KAUFEN

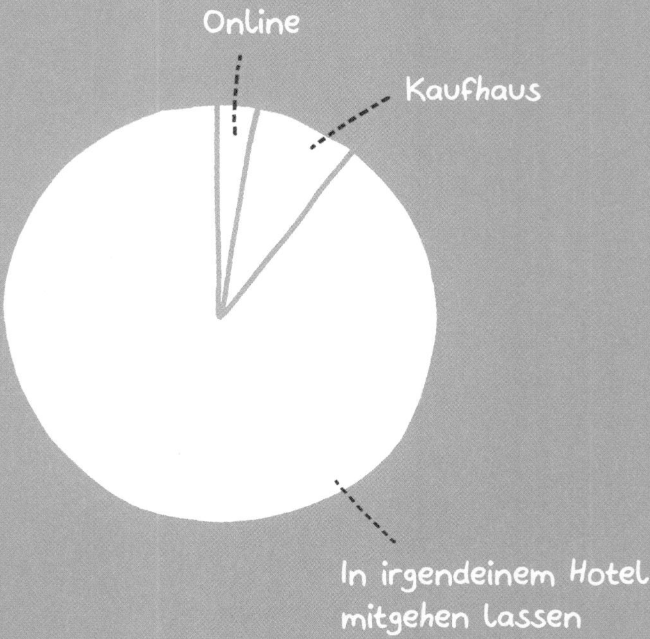

WIE URLAUBER BESTELLUNGEN IN AUSLÄNDISCHEN RESTAURANTS AUFGEBEN

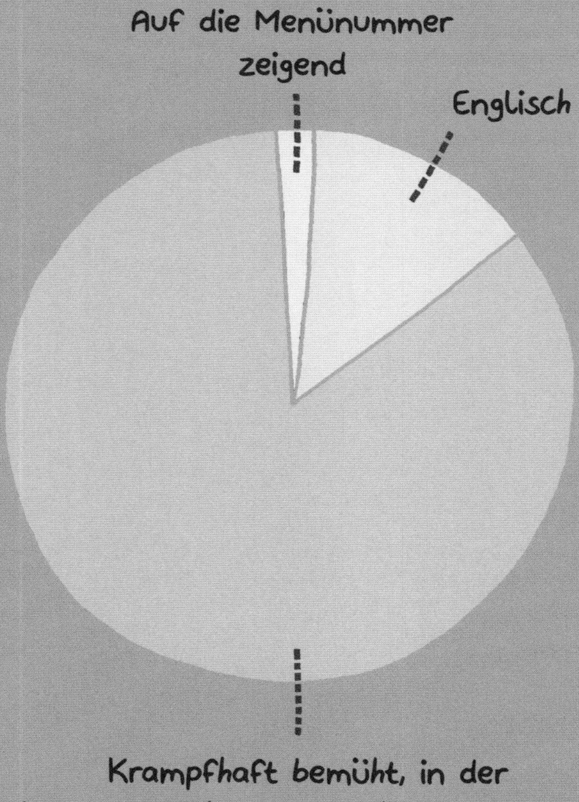

WAS ICH DENKE, WÄHREND ICH IN DEN URLAUB FAHRE

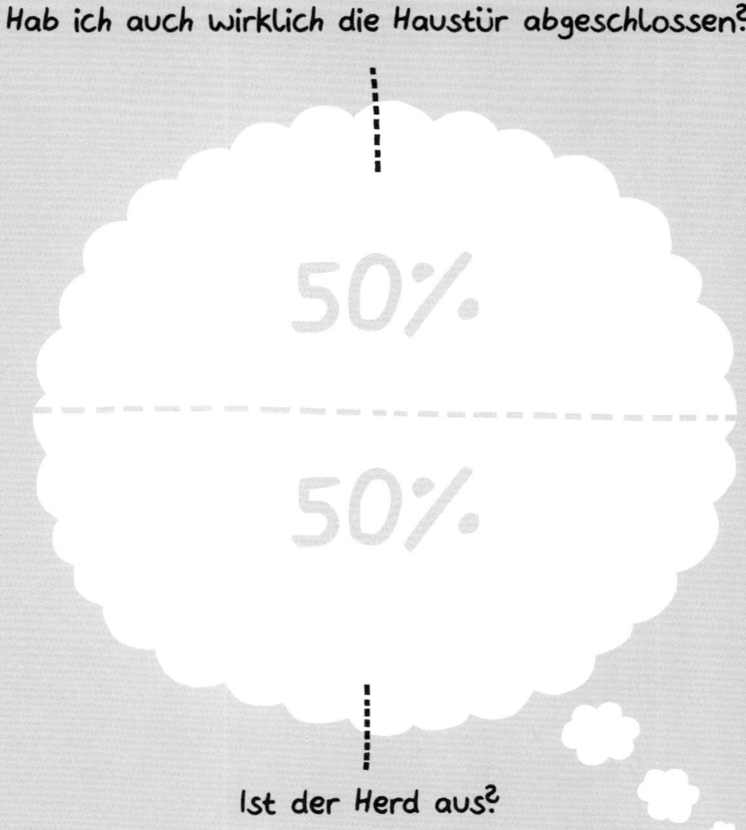

WANN ICH NACH MEINEM URLAUB WIEDER URLAUB BRAUCHE

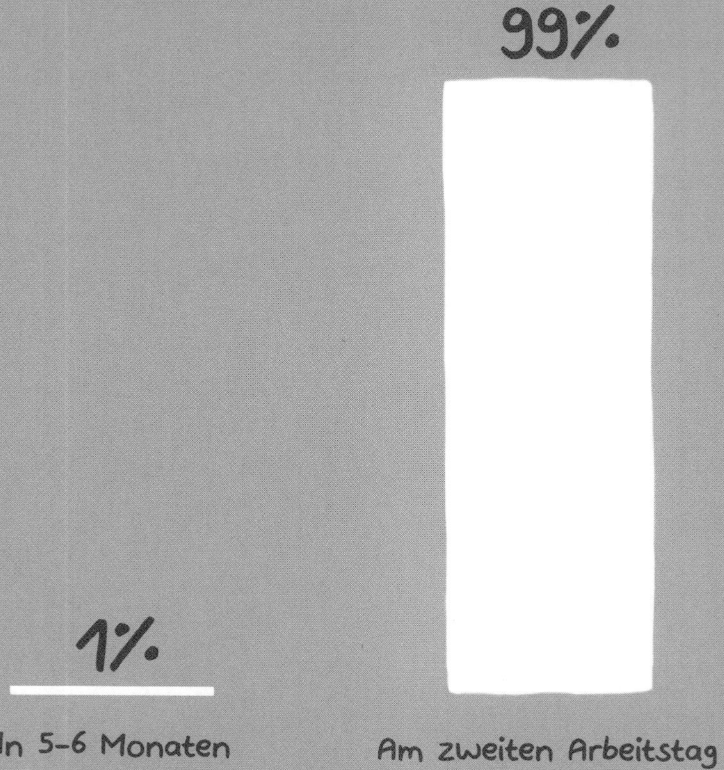

WARUM MÄNNER SO GERNE ANS MEER FAHREN

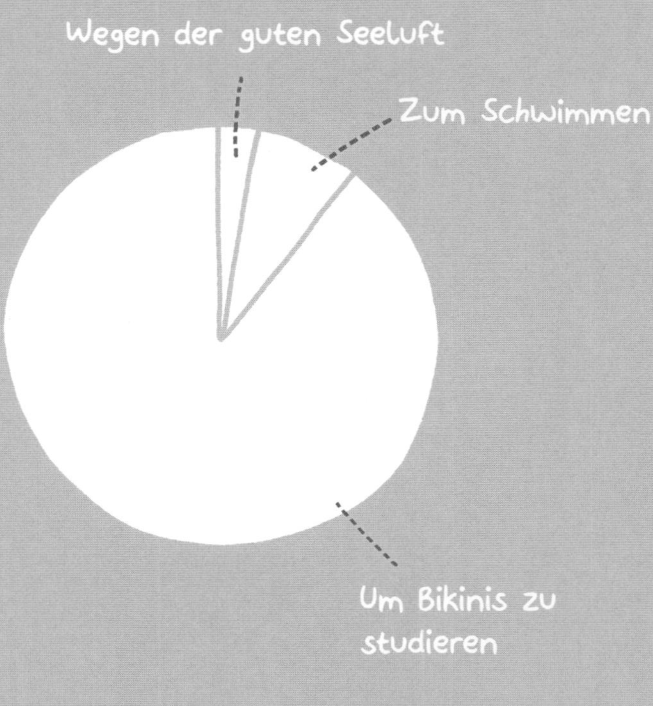

Unsere Leseempfehlung

160 Seiten
Auch als E-Book erhältlich

Nico Fausers Cartoons begeistern in Tageszeitungen, Magazinen und im Internet tausende Fans. Mit scharfer Beobachtungsgabe zeichnet er die witzigsten Alltagssituationen und hält uns liebevoll den Spiegel vor. Endlich erscheint nun der erste Sammelband mit zahlreichen neuen, exklusiven Cartoons.